Fit for Future

Die Zukunft wird massive Veränderungen im Arbeits- und Privatleben mit sich bringen. Tendenzen gehen sogar dahin, dass die klassische Teilung zwischen Arbeitszeit und Freizeit nicht mehr gelingen wird. Eine neue Zeit – die sogenannte „Lebenszeit" – beginnt. Laut Bundesregierung werden in den nächsten Jahren viele Berufe einen tiefgreifenden Wandel erleben und in ihrer derzeitigen Form nicht mehr existieren. Im Gegenzug wird es neue Berufe geben, von denen wir heute noch nicht wissen, wie diese aussehen oder welche Tätigkeiten diese beinhalten werden. Betriebsökonomen schildern mögliche Szenarien, dass eine stetig steigende Anzahl an Arbeitsplätzen durch Digitalisierung und Robotisierung gefährdet sind. Die Reihe „Fit for future" beschäftigt sich eingehend mit dieser Thematik und bringt zum Ausdruck, wie wichtig es ist, sich diesen neuen Rahmenbedingungen am Markt anzupassen, flexibel zu sein, seine Kompetenzen zu stärken und „Fit for future" zu werden. Der Initiator der Buchreihe Peter Buchenau lädt hierzu namhafte Experten ein, ihren Erfahrungsschatz auf Papier zu bringen und zu schildern, welche Kompetenzen es brauchen wird, um auch künftig erfolgreich am Markt zu agieren. Ein Buch von der Praxis für die Praxis, von Profis für Profis. Leser und Leserinnen erhalten „einen Blick in die Zukunft" und die Möglichkeit, ihre berufliche Entwicklung rechtzeitig mitzugestalten.

Franz Brückner

Erfolgsfaktor Mitarbeiter-Benefits

44 Ideen mit Praxistipps für Arbeitgeber und Arbeitnehmer

 Springer Gabler

Franz Brückner
Urspringen, Deutschland

ISSN 2730-6941   ISSN 2730-695X   (electronic)
Fit for Future
ISBN 978-3-658-39630-5   ISBN 978-3-658-39631-2   (eBook)
https://doi.org/10.1007/978-3-658-39631-2

Die Deutsche Nationalbibliothek verzeichnet diese Publikation in der Deutschen Nationalbibliografie; detaillierte bibliografische Daten sind im Internet über http://dnb.d-nb.de abrufbar.

Planung/Lektorat: Nora Valussi
Springer Gabler ist ein Imprint der eingetragenen Gesellschaft Springer Fachmedien Wiesbaden GmbH und ist ein Teil von Springer Nature.
Die Anschrift der Gesellschaft ist: Abraham-Lincoln-Str. 46, 65189 Wiesbaden, Germany

Geleitwort

Ich mag mich noch gut an meine Zeit erinnern, als ich Angestellter im Maus Fréres Konzern war. Viele von Ihnen, verehrte Leserinnen und Leser, mögen Maus Fréres nicht kennen aber dieser Konzern gehört mit über 3 Milliarden Umsatz zu den erfolgreichsten Einzelhandelsgesellschaften auf der Welt. Schon damals, 1989 bot dieses Unternehmen viele Mitarbeiter-Benefits. Angefangen von einer guten Pensionskasse über Einkaufsvergünstigungen beim gesamten Produktportfolio bis hin zu rabattierten Urlauben in konzerneigenen Hotels. Das Beste aber war der Erwerb von Musterware. Im Mustershop wie wir ihn nannten, schlug gerade für modebewusste das Herz höher. Nicht nur, dass Musterkollektionen mit bis zu 90 % Rabatt gegenüber dem späteren offiziellen Verkaufspreis zu erstehen waren, sondern auch weil die Musterware jeweils ein Jahr vor der offiziellen Verkaufssaison zu bekommen war. Wir wussten somit auch früher, welche Mode, welche Farbe wird im kommenden Jahr der Renner sein. Ich muss zugeben, mein Kleiderschrank war damals mehr als voll und auch heute noch, über 30 Jahre später, ziert das eine oder andere Kleidungsstück von damals meine Garderobe. Wir waren damals echt stolz für Maus Fréres arbeiten zu dürfen. Und genau dieser Stolz, auch die Freude an der Arbeit, spornte uns an, dem Kunden immer die beste Verkaufsfläche in den Warenhäusern zu bieten. Auch in meiner Zeit beim US-Konzern Unisys gab es viele Mitarbeiter-Benefits. Ich möchte nicht alle aufzählen, doch auf eines möchte ich besonders eingehen. Bei Unisys als Aktiengesellschaft konnten wir Angestellte wählen, ob wir einen Teil unseres Gehaltes in Aktien des Konzerns umgewandelt bekommen wollten. So wurden viele von uns zu Miteigentümern des Unternehmens. Und wenn einem etwas gehört oder zu mindestens mitgehört, geht man mit einem ganz anderen Pflichtbewusstsein an die Aufgabe. Man arbeitet indirekt für seinen eigenen Geldbeutel.

Aber ich möchte nicht nur von Konzernen schreiben. Jedes Unternehmen und wenn es auch nur ein Kleinbetrieb oder Startup mit ein paar wenigen Angestellten ist, hat die Möglichkeit, Mitarbeiter-Benefits zu gewähren. Angefangen von einer guten Arbeitszeitregelung, von Obst oder Mineralwasser am Arbeitsplatz, ob Betriebskindergarten oder ob ich meinen Hund mit ins Büro nehmen darf, es gibt unzählige Möglichkeiten, dem Mitarbeiter etwas Gutes zu tun. Viele dieser Benefits kosten kein Geld. Es sind oft Dienstleistungen, Gespräche, Mutmach- oder Motivationsmomente über welche sich ein Angestellter erfreuen kann. Wichtig ist aber auch: Machen Sie sich individuelle Gedanken über jeden einzelnen Mitarbeiter. Nicht jeder Mitarbeiter hört gerne Helene Fischer oder liebt Sauerbraten. Mitarbeiter-Benefits sollten somit immer einen individuellen Bezug zum einzelnen Mitarbeiter haben, eine Pauschalisierung bewirkt das Gegenteil. Zusammenfassend kann ich feststellen, dass Mitarbeiter-Benefits eine Bereicherung für Unternehmen und Mitarbeiter sein können. Sie steigern oft die Leistungsbereitschaft und Loyalität, verringern die Krankheitstage und sorgen für ein gefestigtes Pflichtbewusstsein zum Unternehmen. Auf den nächsten Seiten stellt Ihnen der Autor und Unternehmer Franz Brückner viele mögliche Benefits vor. Vielleicht ist auch der eine oder andere Tipp für Sie dabei, über den es sich vielleicht zum Nachdenken lohnt. Ich wünsche Herrn Brückner viel Erfolg mit diesem Buch und Ihnen liebe Leserin und Leser möglichst viele Impulse.

Herzlichst
Peter Buchenau
Führungskräftekünstler

Vorwort

„Die reinste Form des Wahnsinns ist es, alles beim Alten zu belassen und zu hoffen, dass sich etwas ändert." (Albert Einstein)

Gibt es sie wirklich? Diese unbedingte Notwendigkeit, sich selbst oder das Unternehmen ständig anzupassen und zu verändern? Alte Zöpfe müssen irgendwann abgeschnitten werden, das ist schon klar. Aber alles zu seiner Zeit, wird sich der ein oder andere denken. Doch dann könnte es bereits zu spät sein, denn wir erleben gerade eine massive Veränderung in allen Lebensbereichen, die auch vor der Arbeitswelt nicht Halt macht.

Was bedeutet dies nun für die Unternehmen und für Mitarbeiter-Benefits?

Der demografische Wandel und der Fachkräftemangel setzt vielen Unternehmen zu. Es ist deutlich zu erkennen, dass die Unternehmen sich immer mehr den potenziellen und bereits bestehenden Mitarbeitern zuwenden, um aktiv um deren Gunst zu buhlen. Die Arbeitgeberattraktivität

soll immer weiter verbessert werden. Ein Teil dieser
Attraktivität sind Mitarbeiter-Benefits. Dem Mitarbeiter
soll sinnvolles und werthaltiges geboten werden, damit er
motiviert und loyal ist oder zum Unternehmen wechseln
möchte.

Mitarbeiter-Benefits werden immer wichtiger, obwohl
oder gerade weil sie mittlerweile verbreitet sind und die
meisten Unternehmen auch Mitarbeiter-Benefits anbieten.
Aktuell haben die meisten Unternehmen Personalbedarf
oder sogar -mangel. Der Arbeitgebermarkt verändert sich
zum Arbeitnehmermarkt und Unternehmen konkurrieren
um die besten Fachkräfte. Mitarbeiter-Benefits wirken
anziehend und können ein gutes Instrument sein, Mitarbeiter für das Unternehmen zu begeistern. Die Firmen,
die bereits ein passendes Angebot an Benefits vorweisen
können, sind auf einem guten Weg. Denn wie dem Zitat
vom Textanfang zu entnehmen ist, ist Nichtstun keine
Alternative. Bei zu langem Abwarten kann ein Aufholen
unmöglich werden. Mitarbeiter-Benefits sind ein gutes
Werkzeug für mehr Arbeitgeberattraktivität und können
ein Teil der Problemlösung des Fachkräftemangels im
Unternehmen sein.

Unternehmen müssen sich mittlerweile bei ihren
Wunschmitarbeitern bewerben und nicht umgekehrt. Die
Beteiligten sind auf Augenhöhe. Das kann tolle Arbeitsbedingungen schaffen. Für Arbeitnehmer gab es auf jeden
Fall schon schlechtere Zeiten. Bei all den technischen und
finanziellen Möglichkeiten muss es für die Unternehmen
jedoch auch einfach möglich sein, attraktive Arbeitsplätze und Arbeitsbedingungen zu schaffen. Arbeitgeber
sind daher gut beraten, noch mehr Energie und Geld zu
investieren.

Dieses Buch dient als Inspirationsquelle und Hilfe-
stellung, das Thema Mitarbeiter-Benefits vor allem in

kleinen und mittleren Unternehmen anzupacken und zu verbessern. Arbeitgeber, die in diesem Bereich gar nichts tun, könnten aufgrund von unbesetzten Stellen in gar nicht allzu langer Zeit von der Bildfläche verschwinden. Dieses Werk sollte demnach für jedes Unternehmen interessant sein.

Das Thema Mitarbeiter-Benefits ist dynamisch. Einen abgeschlossenen Zustand gibt es demnach nicht. Was bisher erfolgreich war, ist es morgen vielleicht nicht mehr. Entscheidend ist die Erkenntnis, dass in vielen Unternehmen etwas passieren muss. Ein Umdenken muss her und der Mitarbeiter und dessen individuelle Bedürfnisse sollten mehr in den Fokus rücken.

Ein gesunder Optimismus und der Glaube in den Menschen und die Unternehmen kann tolles entstehen lassen. Wir haben gute Chancen, den Wirtschaftsstandort Deutschland für Arbeitgeber wie auch Arbeitnehmer als einen der besten der Welt zu machen. Mitarbeiter-Benefits tragen ihren Teil dazu bei und sind ein wichtiger Teil von erfolgreichen Unternehmen. Nur Mut zu mehr Arbeitgeberattraktivität.

Franz Brückner

Hinweis

Dieses Buch hat der Autor nach bestem Wissen erstellt und die Inhalte sorgfältig erarbeitet. Gleichwohl kann man Fehler nie ganz ausschließen. Bitte haben Sie deshalb Verständnis dafür, dass der Autor keine Garantie und Haftung für die Aktualität, Richtigkeit und Vollständigkeit übernimmt. Die Aussagen sind allgemeiner Natur und können eine unabhängige und individuelle Beratung im konkreten Einzelfall nicht ersetzen. „Mitarbeiter/Arbeitnehmer" ist gleichbedeutend für Geschlecht männlich/weiblich/divers.

Inhaltsverzeichnis

Über den Autor

Franz Brückner ist kaufmännischer Leiter und Unternehmer mit mehrjähriger Erfahrung im Personal- und Finanzbereich in verschiedenen Unternehmen. Der ausgebildete Betriebswirt und Employer Brand Manager führte bereits mehrere Benefits erfolgreich in verschiedenen Unternehmen ein. Er ist überzeugt von den Möglichkeiten und Vorteilen der zukünftigen Arbeitswelt,

sieht dieser optimistisch entgegen und möchte sie mitge-
stalten. In Zusammenarbeit mit öffentlichen Kammern
bringt er die Themen Mitarbeiter-Benefits und Arbeitgeberattraktivität vor allem für kleinere und mittlere
Unternehmen voran.

1

Mitarbeiter-Benefits in einer sich wandelnden Arbeitswelt

Häufig ist die Rede von „Früher war alles besser!". Was die Arbeitswelt angeht, kann man in den meisten Fällen dieser hartnäckigen Floskel **nicht** zustimmen. Egal ob man die Arbeitsbedingungen, die Entlohnung oder die schier unendlichen Berufs-Möglichkeiten betrachtet, können wir froh sein nicht mehr in der Arbeitswelt der Vergangenheit zu leben. Und die Arbeitswelt wird sich weiter wandeln. Vor allem im Hinblick auf die technischen Möglichkeiten wie Digitalisierung und künstliche Intelligenz. Aber auch im Hinblick auf immer weniger verfügbare Arbeitskräfte. Jeder Wandel bietet Chancen. Diese Chancen dürfen nicht einseitig sein und müssen den Arbeitnehmern und den Unternehmen gleichermaßen zugänglich sein. Mitarbeiter-Benefits gehören zu dieser sich wandelnden Arbeitswelt. Was früher noch ein „Zuckerle vom Chef" war, ist mittlerweile ein nicht zu verachtendes Entscheidungskriterium für oder gegen einen Arbeitgeber.

© Der/die Autor(en), exklusiv lizenziert an Springer Fachmedien Wiesbaden GmbH, ein Teil von Springer Nature 2023
F. Brückner, *Erfolgsfaktor Mitarbeiter-Benefits*, Fit for Future,
https://doi.org/10.1007/978-3-658-39631-2_1

1.1   Veränderung der Arbeitswelt

Die Arbeitswelt hat sich bereits verändert und sie wird sich immer weiter verändern. Vor allem die hohe Geschwindigkeit und die damit verbundenen Anpassungen für Mitarbeiter und Unternehmen sind wesentliche Veränderungsmerkmale der neuen Arbeitswelt. Die schnellen digitalen Entwicklungen werden sich in Zukunft exponentiell entwickeln und die Veränderungsdynamik für alle Beteiligten zunehmen [1]. Vor allem strukturierte Jobs mit wiederkehrenden Aufgaben könnten immer weiter durch Digitalisierung, künstliche Intelligenz und Robotics ersetzt werden. Diese Automatisierungen werden dringend benötigt, um die Fachkräftelücke in anderen Bereichen etwas zu schließen. Unternehmen wie auch Arbeitnehmer können an der Vergangenheit nicht festhalten und sind gut beraten, den Wandel zu akzeptieren und die zahlreichen Chancen und positiven Möglichkeiten für sich zu nutzen.

> Dass es einfach wird, hat niemand gesagt. Dass es sich lohnen wird, sehr wohl.

Der Arbeitsmarkt ist längst von einem Angebots- zu einem Nachfragemarkt an Bewerbern geworden. Es ist die Rede von **Arbeiterlosigkeit statt Arbeitslosigkeit.** Die Erwerbsbevölkerung in Deutschland wird kleiner und jeder zweite Arbeitnehmer sucht gezielt bei einem Jobwechsel nach einem nachhaltigen Unternehmen [2]. Der Sinn der Arbeit rückt weiter in den Vordergrund, wobei harte Faktoren wie gutes Gehalt und gebotene Leistungen weiterhin sehr wichtig sind. Dass man mit dem Einkommen auskommt, ist nicht mehr die Frage, sondern wird erwartet. Vielmehr müssen das Einkommen und die sozialen Leistungen dem Mitarbeiter für ein **gutes** Leben mit der Befriedigung seiner individuellen Bedürfnissen ausreichen. Zudem wird die Schaffung beruflicher Perspektiven für Arbeitnehmer eine wesentliche Unternehmensaufgabe sein.

Eine wesentliche Kernfrage vieler Arbeitnehmer lautet:

> Was bietet mir das Unternehmen für **meine** persönliche und berufliche Entwicklung?

Der Tausch von Arbeitszeit gegen Geld wird sich weiter verändern. Vielen geht es mehr um Freiheit als um den letzten Euro. Immer öfter wird nur noch so viel gearbeitet werden wie zum Leben nötig ist. Warum auch nicht? Der ganze technische und digitale Fortschritt der letzten hundert Jahre sollte doch bald ausreichen, um weniger arbeiten zu können. Oder ist das gar nicht gewollt?

Vor gar nicht allzu langer Zeit wurde noch an regelmäßig sechs Tagen pro Woche gearbeitet. Streiks und Industrialisierung habe dies maßgeblich verändert. Reduziert auf „nur" noch fünf Tage pro Woche Arbeit am Anfang des 20. Jahrhunderts, sind wir nun bei in der Regel 40 Arbeitsstunden Sollarbeitszeit bei einer Vollzeitstelle angelangt. Letztlich sind derartige Arbeitszeitmodelle in den ersten Fabriken entstanden und nicht in einer technischen, kreativen Welt, wie wir sie jetzt kennen. Und in dieser Welt zählen Ergebnisse und nicht Anwesenheit. Wo und wann die Arbeit erledigt wird, spielt eine immer weniger große Rolle, vielmehr sind die Ergebnisse entscheidend [3].

Unternehmen und Arbeitnehmer werden in Zukunft flexibler sein müssen. Die Zukunft des Arbeitslebens ist in weiten Teilen von Unsicherheit geprägt. Jeder sollte eine gewisse Geisteshaltung verinnerlichen, die u. a. die Unsicherheit akzeptiert, sich für Neues zu begeistern

und innovativ und flexibel zu handeln. Wer mono-
tone Arbeit liebt, wird es zukünftig schwer haben. Der
Roboter und die Automatisierung stehen schon in den
Startlöchern. Das Verlassen der Komfortzone ist demnach
eine wichtige Fähigkeit, die erfolgreiche Arbeitnehmer
beherrschen müssen. Empathie, soziale Kompetenzen
und Kommunikationsfähigkeit werden immer wichtiger.
Menschlich sein – das wird sich weiter ausprägen [4].

Denkbar ist auch ein zukünftiges Szenario, bei dem
es weniger Arbeitnehmer und viel mehr freie Mitarbeiter
gibt, die für verschiedene Unternehmen arbeiten. Na
klar, ein Unternehmen wittert hier erst einmal Nachteile,
dass ein Mitarbeiter nicht seine gesamte Schaffenskraft
für das Unternehmen einsetzt. Doch mit etwas Weitblick
betrachtet, lassen sich so vielleicht Mitarbeiter halten, die
ohne weitere Abwechslung oder Entfaltungsmöglichkeiten
die Firma verlassen würden. Die stark gewachsene Anzahl
an Freelancern und Freiberuflern zeigt es [5]. Als äußerst
interessant ist vor allem die hohe Zufriedenheit dieser
Berufsgruppe einzuordnen. 80 % der Freelancer sind
mit ihrer aktuellen beruflichen Situation zufrieden [6].
Leider hinkt hier der Gesetzgeber mit Anpassungen der
Regelungen rund um die Scheinselbstständigkeit, Haftung
und Einkommensteuer hinterher. Wünschenswert wäre
hier, dass in naher Zukunft in diesem Bereich Schwung
für positive Veränderungen hineinkommt. Schaden würde
es dem Wirtschaftsstandort Deutschland sicher nicht.

> Für den Wandel **interessieren**, dann **akzeptieren** und zu
> guter Letzt **profitieren!**

Der Wandel der Arbeitswelt ist in vollem Gange. Durch
die Corona-Pandemie wurde die Geschwindigkeit weiter
erhöht. Und doch scheint es so, als ob die Handbremse

noch angezogen wäre. Vielleicht benötigt es für das Lockern der Handbremse nur noch wenige Auslöser. Das könnten zum Beispiel die demografische Entwicklung oder der Fachkräftemangel sein. Die positiven Begleiterscheinungen der bevorstehenden Veränderungen scheinen deutlich zu überwiegen. Das sollte jedem bewusst sein.

Zwischenfazit
Der Arbeitsmarkt verändert sich unaufhaltsam. Es werden nur die Unternehmen erfolgreich sein, die sich jetzt als moderne Arbeitgeber positionieren und damit die eigenen und potenziellen Mitarbeiter überzeugen.

1.2   Was sind Mitarbeiter-Benefits?

Die deutsche Bezeichnung für Employee Benefits lautet Mitarbeitervorteile oder auch freiwillige, betriebliche Zusatzleistungen. Im Sprachgebrauch hat sich die Bezeichnung Mitarbeiter-Benefits, Incentives oder Corporate-Benefits etabliert. Die Begriffe Sachleistungen, Lohnnebenleistungen und freiwillige betriebliche Leistungen sind ebenfalls gängige Begriffe für einen Großteil von Mitarbeiter-Benefits [7]. Mitarbeiter-Benefits werden zusätzlich zur allgemeinen Vergütung gewährt und sollen die Arbeitgeberattraktivität verbessern [8]. Oftmals sollen Benefits eine dauerhafte Alternative zur reinen Gehaltserhöhung darstellen. Damit handelt es sich um Maßnahmen im Rahmen der Bindung und Gewinnung von Arbeitnehmern. Benefits können sehr unterschiedlich sein und sind in der Ausprägung ihrer Wirkung meist unterschiedlich. Individualität, Kreativität und

Passgenauigkeit zeichnen erfolgreiche Benefits aus. Im Kern muss die angebotene Leistung für den Arbeitnehmer einen echten Vorteil bringen. Nur gut gemeint, ist hier nicht ausreichend. Der positive Effekt tritt in der Regel erst mit dem tatsächlichen Mehrwert für den Empfänger der zusätzlichen Leistung ein. Passende Benefits, die der Mitarbeiter nicht erwartet, sind besonders wirksam. Die verschiedenen Zusatzleistungen sollen die Arbeit des Arbeitnehmers wertschätzen und ihn motivieren.

Beispiele für Benefits sind u. a. Dienstfahrrad, Weiterbildungen, Zusatzurlaub für Ehrenamt, Vier-Tage-Woche, kostenfreie Getränke, Zusatzversicherungen uvw.

> 43 % der jüngeren Mitarbeiter sind bereit, auf Teile ihres Gehalts oder Gehaltserhöhungen zu verzichten, um mehr Zusatzleistungen zu bekommen [9].

Viele Benefits sind in zahlreichen Unternehmen bereits geübte Praxis, manchmal in vorhandenen Tarifverträgen fixiert und demnach auch bekannt. Der Wettbewerb um Fachkräfte ist groß, und daher lassen sich Unternehmen immer wieder neue und auch großzügige Benefits einfallen. Es deutet sich an, dass sich dieser Trend auch in Zukunft fortsetzen wird. Im deutschsprachigen Raum sind Mitarbeiter-Benefits noch ein recht junges Thema. Im nordamerikanischen Raum sind sie schon lange in den Unternehmen fest verankert, wobei die unterschiedliche Arbeitskultur zu berücksichtigen ist. Zukünftig wird auch im deutschsprachigen Raum noch mehr Augenmerk auf Mitarbeiter-Benefits gelegt werden. In deutschen Großkonzerne herrscht bereits eine ausgeprägte Benefit-Kultur.

1.3 Die Wichtigkeit von Mitarbeiter-Benefits

1.3.1 Benefits und Arbeitskultur

Um was es bei Mitarbeiter-Benefits geht, haben wir in den oberen Zeilen schon erfahren. Was ist aber mit Arbeitskultur gemeint? Um es vorweg zu nehmen, **eine gute Arbeitskultur ist der wesentliche Erfolgsfaktor von Unternehmen. In einer intakten Arbeitskultur ist der zwischenmenschliche Umgang miteinander geprägt von Respekt und Wertschätzung.** Dabei blicken die Mitarbeiter aus unternehmerischer Sicht weitestgehend in die gleiche Richtung und es gibt akzeptierte und gelebte Werte im Arbeitsalltag. Jeder gibt sein Bestes für das Unternehmen und hat auch die Möglichkeit sich einzubringen. Diese Motivation ist idealerweise intrinsisch, also vom Mitarbeiter selbst ausgehend.

Gute Führung ist bei einer intakten Arbeitskultur wohl der wichtigste Baustein. Ein Spruch mit Wahrheitsgehalt besagt: „Mitarbeiter kommen wegen des Jobs und gehen wegen des Vorgesetzten." Schlechte Führung beeinflusst die Arbeitskultur im Unternehmen stark und veranlasst viele Mitarbeiter dazu, das Unternehmen zu verlassen. Selbst wenn auch die besten Benefits angeboten werden, ohne gute Führung ist das alles nicht viel Wert. Die Stimmung muss stimmen. Damit ist gemeint, dass Benefits in Unternehmen mit einer schlechten Arbeitskultur und Atmosphäre deutlich weniger Erfolg haben werden, als in Unternehmen, in denen die Führung und das Miteinander eine gesunde Ausprägung haben. Unternehmen haben nicht die Aufgabe, Mitarbeiter zu motivieren, das können sie gar nicht. Sie tragen jedoch einen wesentlichen Beitrag zu bei, Mitarbeiter nicht zu demotivieren.

Aus der Motivationsforschung ist belegt, dass Menschen vor allem durch die drei folgenden Bedürfnisse motiviert werden [10]:

1. Menschen wollen ihre Ziele erreichen.
2. Menschen suchen soziale Beziehungen und Zugehörigkeit.
3. Menschen wollen Einfluss und Mitsprache.

Mit passenden Extras kann auf diese Motivationskriterien eingegangen werden. Die angebotenen Benefits sollten sich am relevanten Arbeitsmarkt orientieren. Also der Markt, an dem das Unternehmen Mitarbeiter verliert und gewinnt.

Auch die Vermittlung von Werten ist mit Benefits möglich. Wertevermittlung erfolgt oftmals mit schriftlich fixierten Leitsätzen oder Worten. Dieser schriftlichen Ausführung steht nicht selten eine gegensätzliche Umsetzung im Unternehmen entgegen. Mit Benefits besteht die Möglichkeit, diese Werte mit Taten und nicht nur mit fixierten Leitsätzen zu untermauern.

Wenn dies der Fall ist und dazu die passenden Benefits mit einem großen Nutzen und einer entsprechenden Individualisierung für die Mitarbeiter vorliegen, kann eine verbesserte Mitarbeiterzufriedenheit eintreten. Herausforderungen wie die Reduzierung von Fluktuation und das Finden neuer Mitarbeiter sind dadurch leichter zu meistern. Ein gutes Wohlfühlklima im Unternehmen ist wichtig. Denn nur wer sich wohlfühlt, bringt gute Leistungen.

1.3.2 Die Einbettung von Benefits in das Employer Branding

Employer Branding bezeichnet das Konzept eines Unternehmens, sich selbst als attraktiven Arbeitgeber darzustellen und eine Arbeitgebermarke aufzubauen [11]. Menschen zu binden oder zu gewinnen, hat mit Identifikation zu tun. Identifiziert sich ein Mitarbeiter mit einem Unternehmen, so wird er sich motiviert für die Unternehmensziele einsetzen. Unternehmen haben im Rahmen des strategischen Employer-Branding-Prozesses die wichtige Aufgabe, Identifikation zu ermöglichen. Unternehmen müssen das nach innen und außen kommunizierte Arbeitgeberversprechen auch tatsächlich erlebbar machen. Dieses Arbeitgeberversprechen betrifft vor allem die Werte innerhalb des Unternehmens. Wenn z. B. als fester Wert aus dem Arbeitgeberversprechen die gute Vereinbarkeit von Beruf und Familie steht, dann sollte entsprechend danach gehandelt werden. Nur so entsteht eine auf Dauer glaubhafte und damit erfolgreiche Arbeitgebermarke. Um die gewünschte Arbeitgebermarke zu entwickeln, ist der Fokus besonders auf die festgelegten und gelebten Werte im Unternehmen zu richten.

Definition Employer Branding

Employer Branding oder auch Arbeitgebermarkenbildung kennzeichnet den Aufbau und die Pflege von Unternehmen als Arbeitgebermarke. Mitarbeiter erhalten ein Leistungsversprechen vom Arbeitgeber. Ein Ziel des Employer Branding ist es, sich gegenüber Mitarbeitern und möglichen Bewerbern als attraktiven Arbeitgeber zu positionieren, um so einen Beitrag zur Mitarbeitergewinnung und -bindung zu leisten [12].

Mitarbeiter-Benefits stellen eine Maßnahme dar, das beschriebene Arbeitgeberversprechen einzulösen. Sie können als eine Art Werkzeugkoffer angesehen werden. Mit diesem Werkzeugkoffer kann auf die Bedürfnisse der Mitarbeiter eingegangen werden. Das Angebot der Benefits sollte immer mit dem Leistungsversprechen aus dem Employer Branding übereinstimmen. Jedes Unternehmen sollte selbst entscheiden, wer sich am Werkzeugkoffer bedienen darf und wann welches Werkzeug zum Einsatz kommt. Oftmals sind es z. B. die Führungskräfte, deren Zustimmung nötig ist.

Wichtig ist es, auf die Individualität der Bedürfnisse der Mitarbeiter und deren Probleme einzugehen. Mit ein oder zwei Benefits können kein ausreichender Nutzen und keine entsprechende Problemlösung für die Belegschaft erfolgen. Dafür werden mehrere Werkzeuge, also mehrere Benefits benötigt.

Das Angebot von passenden Benefits mit einem hohen Nutzen für die Mitarbeiter sollte in den langfristigen Employer-Branding-Prozess eingebunden werden. Ein Abgleich mit den Unternehmenswerten ist daher unabdingbar. Umgekehrt ist es jedoch auch möglich. Aus den Unternehmenswerten können Benefits abgeleitet und entwickelt werden.

Zwischenfazit

Es kann gesagt werden, dass Employer Branding den gesamten Prozess und alle Maßnahmen umfasst, damit ein Unternehmen ein attraktiver Arbeitgeber wird und bleibt. Benefits sind darin eingebettet und stellen eine Art Werkzeugkoffer dar, um die Ziele aus dem Employer Branding zu erreichen.

1.3.3 Mitarbeitergewinnung und -bindung

Benefits sind wie ein wichtiges Gewürz in einem Essen. Sie sind nicht die Grundzutat, aber sie sind unbedingt notwendig, um das Essen abzurunden. Ein Einfluss von Benefits auf die Mitarbeitergewinnung und -bindung kann nicht bestritten werden, gleichwohl sind Mitarbeiter-Benefits alleine als Bindungsinstrument oder gar Mitarbeitermagnet nicht ausreichend.

Das Wort „Mitarbeiterbindung" wird es in der sich wandelnden Arbeitswelt dauerhaft schwer haben. Wer lässt sich schon gerne binden? Viel mehr möchte man gerne dem folgen, was man selbst gut findet und für richtig hält. Um Mitarbeiter zu gewinnen und zu binden bzw. folgen zu lassen, sollten nicht Benefits ausschlaggebend sein.

Sie haben richtig gehört:

> Benefits sind kein Allheilmittel. Sie sind ein Erfolgsfaktor von vielen weiteren.

Nichtsdestotrotz haben Benefits einen nicht unerheblichen Einfluss auf die Bindung und Gewinnung von Mitarbeitern. Denn Bewerber und Mitarbeiter vergleichen durchaus, was ihnen aktuell geboten wird und was in anderem Unternehmen an Vorteilen serviert wird.

Die eigene Motivation, also die intrinsische Motivation, sollte den Bewerber oder Mitarbeiter zu einem Unternehmen hinziehen. Ausschließlich durch Geld oder Benefits extrinsisch motivierte Mitarbeiter sollten die wenigsten Unternehmen binden und gewinnen wollen. **Die Bewerber, die wegen Geld und Benefits kommen, verlassen die Firma auch oft wieder wegen dem selbigen.** Aber Achtung, das sollte nicht pauschalisiert und vereinfacht werden. Geld bzw. die überdurchschnittliche und faire Bezahlung ist immer noch Bindungsgrund Nummer eins, gefolgt von Vereinbarkeit von Beruf und Familie sowie Wertschätzung gegenüber jedem einzelnen Mitarbeiter [13].

Die Individualisierung wird sich auch in der Personalbeschaffung weiter verstärken. Mit einer wenig aussagekräftigen Stellenanzeige könnte es zukünftig schwierig werden, offene Stellen zu besetzen. Die individuelle Ansprache an Bewerber wurde in der Vergangenheit durch digitale Lösungen vorangetrieben. Die Zukunft wird noch mehr Individualität fordern. Vor allem im Bereich der Mitarbeitervorteile. Es wird der optimale Nutzen für den Bewerber im Vordergrund stehen. Pauschale Angebote werden es schwerer haben. Wer es also schafft, die richtigen, individuellen Benefits seinen Bewerbern anzubieten, könnte eine Nasenlänge Vorsprung gegenüber den konkurrierenden Unternehmen haben. Im Zuge der Mitarbeitergewinnung wird hin und wieder der Sachverhalt vergessen, dass vor der Gewinnung von Mitarbeitern der Abgang von Mitarbeitern verhindert werden muss. Der Fokus könnte sich zukünftig also weiter nach innen zur bestehenden Belegschaft richten, anstatt nur auf den äußeren Arbeitsmarkt.

> Einer der wichtigsten Erfolgsfaktoren von wachstumsstarken und erfolgreichen Unternehmen ist eine niedrige Fluktuation.

Damit Mitarbeiter im Unternehmen bleiben, sind die Gewährung von passgenauen Benefits eine gute Möglichkeit der Wertschätzung. Mitarbeitergespräche, sinnvolle Tätigkeiten, gute Führung und eben auch Benefits sind gute Werkzeuge für den Ausdruck von Wertschätzung. **Wertschätzung gegenüber dem Mitarbeiter ist**

wesentlich für die Mitarbeiterbindung. Wer diese Werkzeuge richtig einsetzt, hat gute Chancen ein attraktiver Arbeitgeber zu sein. Das spricht sich herum und schlägt sich damit auch positiv auf die Mitarbeitergewinnung nieder. Um den Druck etwas herauszunehmen, hier eine kleine Geschichte:

Beispiel

Christoph und Michael sind zu zweit auf Safari durch die Steppe. Plötzlich sieht Christoph einen angriffsbereiten Löwen. Christoph flüstert zu Michael: „Lass uns schnell wegrennen." Michael nimmt jedoch seinen Rucksack ab, zieht seine Sandalen aus und schlüpft in seine Laufschuhe. Christoph fragt Michael: „Meinst du mit den Laufschuhen bist du schneller als der hungrige Löwe?" Michael erwiderte: „Schneller als er Löwe bin ich nicht, jedoch schneller als du!"

Diese Geschichte soll Sie aufmuntern, dass Sie sich nicht mit den besten Unternehmen messen müssen, die oftmals ganz andere Voraussetzungen haben. Seien sie einfach schneller und besser als die Mitbewerber in Ihrer Branche und im direkten Umfeld. Damit fängt es an. Wenn das geschafft ist, ist ein Vergleich mit anderen Top-Arbeitgebern erst sinnvoll.

1.3.4 Die Normalität von Mitarbeiter-Benefits

Keiner dachte vor der Corona-Pandemie, dass für viele die Arbeit im Home-Office möglich ist und normal sein wird. Diese Veränderung brauchte einfach nur einen Auslöser und eine damit verbundene Notwendigkeit. So ähnlich ist es auch bei den Mitarbeiter-Benefits. Bisher ging es auch ganz gut, wenn man den Mitarbeiter etwas geboten

hat, nicht zu wenig, aber auch nicht zu viel. Der bevor-
stehende Fachkräftebedarf oder besser gesagt Fachkräftemangel macht hier jedoch ein Umdenken notwendig.

> Wenn der Schmerz des Fachkräftemangels groß genug ist,
> wird den Unternehmen bewusst, dass massiv in die Arbeit-
> geberattraktivität investiert werden muss.

Der potenzielle Mitarbeiter, vor allem wenn er zur
jüngeren Generation gehört, erwartet eine gewisse Arbeitgeberattraktivität. Und diese wird neben vielen anderen
wichtigen Faktoren auch durch passende Mitarbeiter-
Benefits erzeugt. **Die Positionierung hin zu einem
attraktiven Arbeitgeber könnte der Unterschied
zwischen erfolgreichen und weniger erfolgreichen
Unternehmen sein.** Ob Unternehmen diese Entwicklung gut oder schlecht finden, spielt erst einmal keine
Rolle. Die essenzielle Aufgabe der Fachkräftesicherung
und -gewinnung muss erfolgreich gelöst werden. Nicht
umsonst ist diese Aufgabe mittlerweile in vielen Unternehmen in das Top-Management umgesiedelt und zur
Chefsache geworden. Es wird also sehr viel getan, um
im dünnen Arbeitnehmermarkt erfolgreich zu sein. Einfach die Anzahl der Incentives zu erhöhen, funktioniert
dabei nicht. Es ist das stimmige Gesamtpaket, welches ein
Unternehmen bieten sollte. **Mitarbeiter-Benefits müssen
gut umgesetzt sein und zu den individuellen Bedürfnissen der Mitarbeiter und des Unternehmens passen,
um erfolgreich zu wirken.** Der Bewerbermarkt hat
mittlerweile eine ausgeprägte Sensorik auf diese Stimmig-
keit. Vor allem die Generationen Y und Z wissen um
ihre Stellung am Arbeitsmarkt und ihren Möglichkeiten.
Leider ist es jedoch auch so, dass das, was heute in Unternehmen als normal gilt, schon weit weg von der Spitze ist.
Auf Mitarbeiter-Benefits übertragen, soll das heißen, dass

viele Benefits schon wieder von gestern oder vorgestern sind und neue attraktivere Mitarbeitervorteile auf dem Markt sind und kommen werden. Vor allem die nordamerikanische und die skandinavische Arbeitswelt nehmen hier die Vorreiterrolle ein. Wesentlicher als die schnelle Einführung einzelner „neuer" Benefits, ist die Offenheit und die positive Grundhaltung demgegenüber.

1.3.5 Generationen mit unterschiedlichen Sichtweisen

Die oben beschriebenen Veränderungen sind vor allem auf die Generationen Y und Z zurückzuführen. Im Kern der Ansichten dieser beiden Generationen sollte Arbeit zu den persönlichen Bedürfnissen passen.

Kurzbeschreibung der Generationen:

Baby-Boomer – geboren zwischen 1946–1964
Generation X – geboren zwischen 1965–1979
Generation Y – geboren zwischen 1980 und 1994
Generation Z – geboren zwischen 1995 und 2009

Die aktuellen Veränderungen der Arbeitswelt gehen vor allem von der Generation Y aus. Deshalb wird diese Generation hier besonders betrachtet.

Gestern wurde mit Work-Life-Balance geworben – heute wird sie erwartet. Die Generation Y legt besonderen Wert darauf, Privatleben und Arbeit gut miteinander verbinden zu können. Es geht nicht um weniger Arbeit, eher das Gegenteil ist häufig der Fall. Diese Generation hat gegen die landläufige Meinung eine hohe Leistungsbereitschaft. Die Bindung zum Unternehmen ist jedoch deutlich geringer als bei den vorherigen Generationen. Diese Bindung wird bei der Generation

Z weiter abnehmen. Die Generationen Y und Z setzen die persönlichen Bedürfnisse in den Fokus und nicht das Unternehmen. Unternehmen, mit dem alleinigen Zweck der Gewinnmaximierung, tun sich schwer bei der Generation Y zu landen. Es wird erwartet, dass Unternehmen Verantwortung für Mitarbeiter, Umwelt und gesellschaftliches Umfeld übernehmen. Einen mangelnden Sinn bei der Arbeit kann man bei dieser Generation und wohl auch bei der Generation Z nicht mit Geld ausgleichen. Auch Mitarbeiter-Benefits würden keinen vollständigen Ausgleich herbeiführen [14].

Die Baby-Boomer gehen so langsam in Rente und die Generationen Y und Z werden oder sind die Mehrzahl an Mitarbeitern in den Unternehmen. Die Unternehmenslenker gehören jedoch oftmals noch der Generation Baby-Boomer und Generation X an. Das birgt Konfliktpotenzial und erfordert gegenseitiges Verständnis. Oder eben Anpassung an die neuen Gegebenheiten. Die Eigenschaften und Einstellungen der Generationen Y und Z zu ignorieren, ist grob fahrlässig. Mitarbeiter-Benefits spiegeln zum Teil wesentliche Sichtweisen dieser Generationen wider. Beispiele wären hier mehr Freizeit, Gesundheitsleistungen und Unterstützung rund um die Familie. Es geht um mehr Flexibilität und Individualität eines jeden Einzelnen.

> Mitarbeiter-Benefits stellen eine gute Möglichkeit dar, alte, bereits überholte Sichtweisen aus den Generationen Baby-Boomer und X zu verändern und auf die neuen Sichtweisen und Bedürfnisse der Generationen Y und Z entsprechend einzugehen.

1.4   Fazit

Die Arbeitswelt wird sich weiter wandeln und die Bedürfnisse der Generationen Y und Z werden immer zentraler. Ein großzügiges Angebot an Benefits gehört mittlerweile zu attraktiven Arbeitgebern. Unternehmen können es sich aufgrund des Fachkräftemangels nicht mehr leisten, nichts oder zu wenig in diesem Bereich zu tun.

Passende Mitarbeiter-Benefits sind nur ein Teil einer ansprechenden Arbeitgeberattraktivität. Alleine bewirken sie nicht viel. Es sind u. a. diese wichtigen Faktoren, die Mitarbeiter von einem attraktiven Arbeitgeber erwarten:

- gute Führung,
- sinnvolle und abwechslungsreiche Tätigkeit,
- gutes Betriebsklima,
- persönliche und berufliche Weiterbildung,
- Flexibilität,
- Sicherheit,
- gute Organisation und Arbeitsstruktur sowie
- gute Bezahlung.

Neben der Befriedigung von Mitarbeiterbedürfnissen, können Benefits dabei helfen einen Kulturwandel im Unternehmen herbeizuführen.

Ein Unternehmen, das z. B. Gesundheitsleistungen als Benefit anbietet, bringt sich automatisch in die Situation, auch auf die Gesundheit der Mitarbeiter einzugehen und darauf zu achten. Wer eine Vier-Tage-Woche anbietet, kommt automatisch in die Situation, Arbeitsgebiete von Mitarbeitern umzustrukturieren und neu zu beurteilen, was in einer Arbeitswoche wirklich wichtig ist und wer die Vertretung am freien Tag des Mitarbeiters übernimmt.

Wer Weiterbildungen, Coachings und kostenlose Bücher anbietet, fördert automatisch die Lern- und Wissenskultur im fachlichen wie auch persönlichen Bereich der Mitarbeiter.

Es geht nicht darum den Mitarbeitern mehr und mehr zu geben, sondern die passenden Benefits stellen eine Wertschätzung gegenüber den Mitarbeitern dar.

Mitarbeiter-Benefits können Unternehmen positiv verändern!

Literatur

1. Forster, N. (2019). *Hidden Digital Champions – Wie sich KMUs und das Handwerk für die Zukunft rüsten*. Springer Gabler.
2. Unbekannt. (2022). Das sind die wichtigsten Arbeitsmarkt-Trends für 2022. https://www.haustec.de/management/markt/das-sind-die-wichtigsten-arbeitsmarkt-trends-fuer-2022. Zugegriffen: 21. Febr. 2022.
3. Ostermann, M.-C. (2021). *Zukunftsrepublik: 80 Vorausdenker*innen springen in das Jahr 2030*. Campus.
4. Navidi, S. (2021). *Das Future-Proof-Mindset: Die vier essenziellen Regeln für Ihren Erfolg im Zeitalter der Künstlichen Intelligenz*. Finanzbuch
5. Rudnicka, J. (2022). Zahl der Selbstständigen in freien Berufe von 1992 bis 2021. https://de.statista.com/statistik/daten/studie/158665/umfrage/freie-berufe-selbstaendige-seit-1992/. Zugegriffen: 7. März 2022.
6. Unbekannt. (2019). Freelancer: Warum sie glücklicher im Arbeitsleben sind als Angestellte. https://www.xing.com/news/articles/freelancer-warum-sie-glucklicher-im-arbeitsleben-sind-als-angestellte-2391310. Zugegriffen: 21. Febr. 2022.
7. Warkentin, N. (2022). https://karrierebibel.de/fringe-benefits/. Zugegriffen: 16. Sept. 22.

8. Unbekannt. (2021). Corporate Benefits: Die beliebtesten Mitarbeiterangebote auf einen Blick. https://www.personal-wissen.de/betriebsausgaben/arbeitgeberleistungen/corporate-Pesonalwissen.de,benefits/. Zugegriffen: 10. Jan. 2022.

9. Schmid, D. (2018). Diese fünf Extras sind bei jungen Menschen am beliebtesten. https://www.impulse.de/management/recruiting/zusatzleistungen/7309517.html. Zugegriffen: 21. März 2022.

10. Mai, J. (2020). Mitarbeiter motivieren: 31 Tipps und Beispiele. https://karrierebibel.de/mitarbeiter-motivieren-beispiele/. Zugegriffen: 21. März 2022.

11. Scherbaum, M. (2019). *Gesundheit für alle – Revolution der betrieblichen Gesundheitsversorgung*. Springer.

12. Lies, J. (2018). https://wirtschaftslexikon.gabler.de/definition/employer-branding-53538/version-276620. Zugegriffen: 14. März 2022.

13. Wolf, K. (2021). Mitarbeiterbindung steht und fällt mit dem Geld. https://www.handwerk.com/mitarbeiterbindung-steht-und-faellt-mit-dem-geld. Zugegriffen: 13. Jan. 2022.

14. Hesse, G., & Mattmüller, R. (2019). *Perspektivwechsel im Employer Branding – Neue Ansätze für die Generation Y und Z*. Springer Gabler.

2

Erfolgsfaktoren bei der Umsetzung

2.1 Die Schlüsselpositionen im Unternehmen

Vielen Lesern ist die spaßige Definition von Team bekannt: „Toll, ein anderer macht's". Teamarbeit ist etwas Feines, wenn jedes Teammitglied seine Aufgabe kennt und diese auch ausführen kann. Bei der Einführung oder Umsetzung der geplanten Mitarbeiter-Benefits ist Teamarbeit nötig. Die einzelnen Arbeitsbereiche lassen sich gut identifizieren und definieren.

Besondere Schlüsselpositionen kommen vor allem folgenden Bereichen zu:

- der Geschäftsführung,
- den Führungskräften,
- der Personalabteilung,
- den Projektmitarbeitern und
- den Benefit-Botschaftern.

© Der/die Autor(en), exklusiv lizenziert an Springer Fachmedien Wiesbaden GmbH, ein Teil von Springer Nature 2023
F. Brückner, *Erfolgsfaktor Mitarbeiter-Benefits,* Fit for Future,
https://doi.org/10.1007/978-3-658-39631-2_2

Oftmals entscheidet es sich an diesen Positionen, wie erfolgreich die einzelnen Mitarbeiter-Benefits werden. Hierbei gewährleistet vor allem das gelungene Zusammenspiel der oben genannten Macher den Erfolg. In Workshops und in kleinen Arbeitsgruppen kann die Entwicklung, Umsetzung und Betreuung von Mitarbeiter-Benefits erfolgreich und zielgerichtet erfolgen. Bei der Aufgabenverteilung sollte auf die jeweiligen Stärken der einzelnen Bereiche geachtet werden. Das schafft schnelle Erfolgserlebnisse und erhöht die Akzeptanz der übertragenen Aufgabe.

2.1.1 Geschäftsführung

In Zeiten von Fachkräftemangel wird Mitarbeitergewinnung und -bindung immer mehr zur Chefsache. Das ist auch gut so. Vor allem die strategische Ausrichtung für die Bewältigung der Herausforderungen des Arbeitsmarktes und von New Work ist in den Geschäftsführungen mehr und mehr in den Fokus gerückt. **Das ist ein glücklicher Umstand, denn der Unternehmenserfolg wird zukünftig, trotz Digitalisierung, künstlicher Intelligenz und Robotics, weiter von guten Mitarbeitern abhängen.** Diese zu finden und zu binden, wird zur Königsdisziplin. Wer sie nicht findet und nicht für sein Unternehmen begeistern kann, hat mittel- und langfristig ein Problem. Was kann ein Geschäftsführer nun zur erfolgreichen Umsetzung von Mitarbeiter-Benefits beitragen?

In erster Linie sollte er hinter den einzelnen Benefits stehen. Das sollte ernst gemeint und authentisch sein. Ein Geschäftsführer hat in seiner Organisation ein gewisses Gehör bei den Mitarbeitern. Wenn er etwas sagt, wird in der Regel zugehört. Diese Gegebenheit sollte für die

Kommunikation rund um die angebotenen Incentives genutzt werden.

Die erste Führungsetage sollte zudem auf keinen Fall den Fehler machen und die Auswahl, Einführung und dauerhafte Umsetzung komplett von sich zu weisen und beispielsweise der Personalabteilung aufzutragen. Jede Chefetage sollte wissen, was in ihrem Unternehmen von den Mitarbeitern gewünscht wird und vor allem, was bereits alles angeboten wird.

Nicht alles abgeben, ist das eine, nicht alles bei sich behalten, ist das andere. Die Unternehmensverantwortlichen sollten nicht einfach Benefits bestimmen. **Es gilt immer der Grundsatz, passende Maßnahmen zu einem bestimmten Bedarf zu entwickeln.** Bei diesem Prozess sollten die verschiedenen Unternehmensbereiche und die Mitarbeiter eingebunden werden.

Selbstverständlich soll ein Geschäftsführer sich nicht um die Detailarbeit kümmern. Das wäre der falsche Ansatz. Als „Kapitän" gibt er jedoch die Richtung vor. Um es mit dem bekannten Sprichwort zu sagen: „Günstige Winde kann nur der nutzen, der weiß wohin er will."

2.1.2 Führungskräfte

Jedes Unternehmen hat Führungskräfte, die Verantwortung übernehmen. Das ist auch wichtig, denn selbst ein Kleinbetrieb kann nicht ordentlich funktionieren, wenn lediglich der Chef das Laser-Schwert in der Hand hat und alle Entscheidungen und die damit verbundenen Aufgaben übernimmt. Führungskräfte, also z. B. Abteilungs- und Teamleiter sind in leitender Funktion für ihren Sach- und Fachbereich für die Mitarbeiterführung verantwortlich. Führungskräfte sorgen zudem dafür, dass Zielvorgaben erreicht werden. Soll ein

Arbeitgeber durch Mitarbeiter-Benefits attraktiver werden, so sind auch die leitenden Angestellten im Unternehmen in der Pflicht dieses Ziel zu erreichen. Sie tragen für diese Zielerreichung eine Teilverantwortung. Ein attraktiver Arbeitgeber zeichnet sich nämlich unter anderem durch gute Führungskultur im Unternehmen aus. Die für die Belegschaft angebotenen Benefits müssen von den Führungskräften mitgetragen werden, um erfolgreich zu sein. Wenn z. B. das Unternehmen Sabbatical oder Vier-Tage-Woche als Mitarbeitervorteil anbietet und der Vorgesetzte des Mitarbeiters das nicht unterstützt, kann das schon zu nicht unerheblichen Problemen für beide Seiten führen.

Durch die passenden Mitarbeiter-Benefits haben Führungskräfte ein gutes Werkzeug zur Hand, um dem Mitarbeiter individuelle Wertschätzung auszudrücken. Denn oftmals ist es so, dass nicht alle Mitarbeiter auf alle Mitarbeiter-Benefits Anspruch haben und gewisse Voraussetzungen erfüllt sein müssen. Eine Voraussetzung kann die Freigabe der Führungskraft sein. Führungskräfte nehmen nicht nur in ihrem Fachbereich eine wichtige Rolle ein, sondern auch als Kommunikator und vor allem Multiplikator. Damit ist gemeint, dass Führungskräfte die angebotenen Mitarbeiter-Benefits bewerben, erklären und auch hinter diesen stehen.

2.1.3 Personalabteilung

Im Jahr 2018 gab es in Deutschland 3,47 Mio. kleine und mittlere Unternehmen (KMU) [1]. Sicherlich hat davon nicht jedes Unternehmen eine Personalabteilung. Daher müssen wir diesen Punkt etwas differenzierter betrachten. Mit steigender Mitarbeiterzahl steigt auch die Wahrscheinlichkeit für eine im Unternehmen integrierte, organisatorisch selbstständige Personalabteilung. Besteht im Betrieb eine Personalabteilung, so kommt ihr bei der Umsetzung der Mitarbeiter-Benefits eine tragende Rolle zu. Vor allem was die verwaltenden Arbeiten angeht. Eine positive Grundhaltung der Personalabteilung gegenüber den angebotenen Mitarbeiter-Benefits ist besonders wichtig. Arbeitgeberattraktivität ist ein Teil der täglichen Arbeit. Benefits machen Arbeit, das ist sicher richtig. Wenn in den Personalabteilungen genug zeitliche Ressourcen vorhanden sind, dann gibt es jedoch keinen Grund, dies als Problem zu sehen. In Personalabteilungen laufen Informationen und Kommunikation zusammen. Damit kommt dieser Abteilung eine besondere Funktion zu. Eine Personalabteilung alleine tut sich jedoch schwer, Mitarbeiter-Benefits dauerhaft erfolgreich umzusetzen. Wie oben beschrieben, ist die vernetzte Zusammenarbeit der einzelnen Bereiche wesentlich.

In kleineren Unternehmen gibt es meist keine Personalabteilung, sondern Personen, die mit den vor allem verwaltenden Personalthemen betraut sind. In enger Zusammenarbeit mit der Geschäftsführung und dem Steuerberater werden so sämtliche Personalthemen abgearbeitet. Hier gestaltet sich die Umsetzung von Benefits schon etwas schwieriger. Jedoch ist es möglich, denn kleinere Strukturen haben auch Vorteile. Die Geschwindigkeit bei der Umsetzung und der direkte Kontakt zu den Mitarbeitern sind große Vorteile bei der Bereitstellung eines Angebotes von Mitarbeiter-Benefits. Sollte der Arbeitsaufwand der Personalthemen in kleinen Unternehmen doch zu groß werden, so können mit externer Hilfe und digitalen Lösungen zeitliche Ressourcen geschaffen werden. Damit entsteht der benötigte Raum für die Umsetzung von Mitarbeiter-Benefits. Diese können durchaus auch verwaltungsarm ausgewählt werden, um die Arbeitsbelastung nicht übermäßig zu erhöhen.

Wichtige Fragen für kleine und mittlere Unternehmen (KMU) ohne Personalabteilungen:

- Welche Arbeiten kann der Steuerberater zusätzlich übernehmen?
- Welche Prozesse und Arbeiten können digitalisiert werden?
- Welche Software kann helfen?
- Findet man einen passenden Freelancer für diese Personalarbeit?
- Ist es sinnvoll, eine weitere Person für den wichtigen Bereich Personalmanagement einzustellen?
- Welche Weiterbildungen sind sinnvoll?
- Kann die Personalverwaltung ausgelagert werden?

Kleine und mittlere Unternehmen, die sich unter anderem diese Fragen stellen, finden Wege, Mitarbeiter-Benefits in ihrem Unternehmen dauerhaft zu integrieren. Es ist auch nicht die Frage, ob Sie sich die oben genannten Fragen stellen, sondern wann Sie dies tun werden.

> Gründe, dass es nicht geht, gibt es genug. Hier geht es jedoch um die möglichen Wege und die Tatsache, dass die Arbeitswelt sich weiter wandeln wird.

Zwischenfazit

Zusammenfassend lässt sich sagen, dass mit oder ohne Personalabteilung gewisse Strukturen und Haltungen entwickelt werden müssen. Vor allem die Priorisierung der Benefits stellt einen wesentlichen Erfolgsfaktor dar. Werden die Incentives als notwendiges Übel angesehen oder werden diese mit einer Wertschätzung angeboten, die ihrer enormen Bedeutung entspricht?

2.1.4 Projektmitarbeiter

Die Einführung von Mitarbeiter-Benefits kann vom Aufwand her sehr unterschiedlich sein. Je größer der Aufwand, umso mehr sollte überlegt werden, für diese Einführung ein separates Projekt zu organisieren. Die wesentlichen Merkmale eines Projektes sind die zeitliche Befristung der Aufgabe, eine gewisse Komplexität der Aufgabe und eine zweckmäßige Projektorganisation [2]. Projektmitarbeiter erledigen dabei, in Zusammenarbeit mit den anderen organisatorischen Einheiten des Unternehmens, die anfallenden Arbeiten für die Erreichung des Projektzieles. Werden Entwicklung und Einführung von Mitarbeiter-Benefits in einem Projekt durchgeführt, so ist dem Projektinhalt bereits eine gewisse Wichtigkeit zugeordnet. Die Projektmitarbeiter sollten entsprechend ihrer fachlichen wie auch persönlichen Eignung ausgewählt werden. Zudem sollte diesen Mitarbeitern die vollständige oder teilweise Freistellung von den bisherigen Aufgaben ermöglicht werden. Die Arbeitszeit der Projektmitarbeiter sollte entsprechend des Projektzieles organisiert werden. Nach erfolgreicher Erledigung des Projektes sind die Projektmitarbeiter wichtige Ansprechpartner und Experten zu den einzelnen Projektinhalten bzw. Mitarbeiter-Benefits. Diese Mitarbeiter sind vor allem in der Kommunikation nach innen wichtig. Denkbar wäre auch, die Projektmitarbeiter nach Projektende als Benefit-Botschafter zu gewinnen.

2.1.5 Benefit-Botschafter

In kleineren Unternehmen übernimmt oftmals der Geschäftsführer oder die leitenden Angestellten die Aufgabe, über Mitarbeiter-Benefits zu informieren, diese zu bewerben und deren Vorteile herauszuheben. In größeren Unternehmen kann diese Aufgabe zusätzlich durch sogenannte Benefit-Botschafter erledigt werden. Diese Botschafter übernehmen wichtige Kommunikationsarbeit, sprechen mit der Belegschaft über die Inhalte der Benefits und nehmen Verbesserungsvorschläge und Wünsche auf.

> Ein Benefit-Botschafter ist sozusagen auch ein Markenbotschafter des Unternehmens als Arbeitgeber.

Bei der Auswahl eines Botschafters ist besonders darauf zu achten, dass der Mitarbeiter eine positive Haltung zu den Mitarbeiter-Benefits hat, diese versteht und erklären kann. In Workshops und Besprechungen der Benefit-Botschafter, der Personalabteilung und Führungsebene kann in regelmäßigen Abständen eine gewisse Erfolgsmessung stattfinden, die entsprechende Maßnahmen zur Folge haben können. Vor allem bei kostspieligen Mitarbeiter-Benefits ist der Austausch wichtig. Etwas anzubieten ist das eine. Eine positive Emotion beim Mitarbeiter, die dieser durch die Nutzung der Benefits erfährt, ist das andere. Benefit-Botschafter sind sozusagen Geburtshelfer dieser positiven Emotionen. Nicht zu vergessen: Führungskräfte sind ebenfalls Benefit-Botschafter. Tragen diese die angebotenen Benefits nicht mit, werden diese Führungskräfte dem Unternehmen dauerhaft schaden.

2.2 Die richtige Kommunikation der angebotenen Zusatzleistungen

„Tue Gutes und spreche darüber", ist ein allseits bekanntes Sprichwort. Mitarbeiter-Benefits sind etwas Gutes, da vor allem auf die Bedürfnisse der Mitarbeiter eingegangen wird und dadurch für die Mitarbeiter und auch die Unternehmen Vorteile in unterschiedlichster Art und Weise entstehen. Daher ist es unabdingbar, über die angebotenen Leistungen zu informieren und zu bewerben. Diese Kommunikation unterscheidet sich im Wesentlichen in zwei Richtungen – nach innen und nach außen.

2.2.1 Kommunikation nach innen

Im Idealfall sollte jedem Mitarbeiter bekannt sein, welche Mitarbeiter-Benefits das Unternehmen, in dem er arbeitet, anbietet. Wie viele wissen es aber tatsächlich? Leider nur die wenigsten. Das mag die verschiedensten, nachvollziehbaren Gründe haben. Arbeitgeberattraktivität kann eben auch entstehen, wenn Mitarbeiter wissen, was sie im Unternehmen für Möglichkeiten haben. Nicht alle Mitarbeiter-Benefits werden auch tatsächlich genutzt. **Allein jedoch das Angebot erzeugt schon eine positive Emotion und Mitarbeiterbindung.** Entscheidend dafür ist, dass der Mitarbeiter informiert ist. Diese Information kann über verschiedenste Kanäle erfolgen.

Ob Newsletter, Intranet, Flyer, Benefit-Botschafter oder interne Veranstaltungen, die Möglichkeiten der internen Kommunikation sind vielfältig. Nehmen Sie die Werbung nach innen genauso wichtig wie die Werbung nach außen. Zeigen Sie auf, was das Unternehmen alles bietet. Es scheint menschlich zu sein, dass viele tolle Mitarbeiter-Benefits für die Belegschaft zur Gewohnheit werden und dadurch die entsprechende Wertschätzung fehlt. Die Frustrationsgrenze scheint bei den Benefit-Verantwortlichen dadurch oftmals schnell erreicht zu sein. Eine Einstellung oder Reduzierung der internen Kommunikation kann die Folge sein. Das wäre ein Fehler. Das zu zeigen, was ein Unternehmen attraktiv macht, ist ein wesentlicher Baustein der Mitarbeiterbindung und -gewinnung.

2.2.2 Kommunikation nach außen

Bei der Mitarbeitergewinnung ist die Kommunikation der angebotenen Mitarbeiter-Benefits nach außen ein wichtiger Teil des Personalmarketings, damit potenzielle Bewerber erfahren, welche Vorteile sie in diesem Unternehmen erwartet. Vor allem in Stellenanzeigen und auf Karriere-Seiten sollten die wichtigsten Mitarbeiter-Benefits aufgezählt sein. Der potenzielle Bewerber beurteilt diese Benefits anschließend nach seinen Bedürfnissen. Ein Familienvater ordnet den Zusatzurlaub aller Voraussicht nach anders ein, als ein Bewerber, der am Anfang seiner Karriere steht und auf der Karriereleiter klettern möchte. Wie auch bei der internen Kommunikation sollte bei der Kommunikation nach außen nicht gespart werden. Die Möglichkeiten über Social-Media, Stellenportale, Messen, Arbeitgeber-Portraits, Tag der offenen Türe uvm. sind vorhanden und sollten je nach Möglichkeit genutzt werden. Als besonders wichtig scheint die Karriereseite auf der Homepage eines Unternehmens zu sein. Bewerber informieren sich dort über die beworbene Stelle. Eine separate Übersicht oder ein Video zu den gebotenen Benefits ist mit wenig Aufwand und guten Erfolgschancen möglich. **Eine weitere unerlässliche Kommunikationsform ist das persönliche Gespräch.** Informieren Sie Bewerber, Kunden, Lieferanten oder sonstige Geschäftspartner über die Incentives im Unternehmen. Jeder Kontaktpunkt außerhalb des Unternehmens ist eine Möglichkeit, für die angebotenen Mitarbeiter-Benefits und die damit verbundene Arbeitgeberattraktivität zu werben.

2.3 Gute Beratung zahlt sich aus

Viele Unternehmen neigen dazu, erst etwas zu tun und anschließend eine Beratung in Anspruch zu nehmen. Im Bereich der Mitarbeiter-Benefits gibt es vor allem zwei große Bereiche, die bei der Beratung unabdingbar sind. Zum einen ist es das Steuer- und Sozialversicherungsrecht und zum anderen ist es das Arbeits- und Tarifrecht. Bei zahlreichen Benefits ist die Prüfung in diesen Bereichen notwendig. Aufgrund der ständigen Änderung und Anpassung der Gesetzgebung ist es in kleinen und mittleren Unternehmen ohne eigene Rechtsabteilung nicht möglich, die notwendigen Prüfungen selbst vorzunehmen. Hierzu wird Hilfe von außen benötigt. Durch Beratung und ggfs. Umsetzung von Steuerberatern, Rechtsanwälten und externen Dienstleistern kann die Rechtssicherheit von Mitarbeiter-Benefits sichergestellt werden. Nicht jeder der genannten hat sein Spezialgebiet dort, wo Sie ihn brauchen. Daher beauftragen Sie Spezialisten, die zu ihren Bedürfnissen passen.

> **Wichtig**
>
> Es gilt nicht der Grundsatz „günstig muss die Beratung sein", vielmehr geht es um den Grundsatz „gut muss die Beratung sein".
> Mitarbeiter-Benefits gelten oft viele Jahre, daher ist Rechtssicherheit wichtig.

2.3.1 Steuerberater

Vor allem in Fragen rund um die Beurteilung, ob ein Mitarbeiter-Benefit ein zu versteuerndes Einkommen darstellt, kommt dem Steuerberater eine tragende Rolle zu.

Die vielen guten Benefit-Möglichkeiten sind nicht immer unkompliziert. Bevor ein Mitarbeiter-Benefit der Belegschaft angeboten wird, sollte es in einem separaten Auftrag von einem Steuerberater geprüft werden. Fordern Sie eine schriftliche Beurteilung an, sodass Sie eine Einordnung möglicher Risiken haben. Der Steuerberater kann in Ihrem Auftrag zudem eine rechtsverbindliche Auskunft vom Finanzamt beantragen, sodass ein weiteres Risiko von hohen Nachzahlungen von Steuern und Sozialversicherungsbeiträgen reduziert wird. Die endgültige, abgabenpflichtige Einordnung findet, wie in der Vergangenheit schon mehrmals geschehen, nicht selten erst durch Rechtsprechung im Nachgang statt. In der Beauftragung des Steuerberaters sollte daher demnach auch die Überwachung der möglichen zukünftigen Änderungen beinhalten. **Bedenken Sie immer, dass die gut gemeinten Mitarbeiter-Benefits kein Kosten-Bumerang bei der Lohnsteuer- oder Sozialversicherungsprüfung werden dürfen.**

2.3.2 Rechtsanwalt

Ob es Arbeits- und Tarifrecht, Rechtsprechung oder gesetzliche Änderungen betrifft: Ohne Expertenwissen kann man durchaus Schiffbruch erleiden. Der Kontakt mit dem Rechtsanwalt wird oft erst bei Eintritt eines Problems hergestellt. Für die Gewährung der Mitarbeiter-Benefits ist es ratsam, einen Arbeitsrechtler hinzuzuziehen. Ihr Spezialist für Arbeitsrecht sollte möglichst schon bei der Benefit-Auswahl und Gestaltung einbezogen werden. Wie auch beim Steuerberater sollte hier die Zusammenarbeit nicht mit der Einführung des jeweiligen Benefits enden, sondern eine dauerhafte Leistungserbringung in Form von Überwachung und Beratung vereinbart werden.

Besonders hilfreich ist es, wenn der Steuerberater und Rechtsanwalt unkompliziert zusammenarbeiten. Es gibt durchaus Kanzleien, die Steuer- und Rechtsberatung vereinen. Das kann viel Zeit sparen und Kommunikationsfehler verringern.

2.3.3 Externe Dienstleister

Nicht alles muss man selbst machen! Ein wichtiger Hinweis, der sich aufgrund zahlreicher externer Dienstleistungsmöglichkeiten zum Glück auch umsetzen lässt. Am Markt gibt es zahlreiche Unternehmen und Freelancer, die Spezialisten rund um Mitarbeiter-Benefits sind. Diese Dienstleister setzen in der Regel in einer Projektstruktur die ausgewählten Maßnahmen um. Die Zusammenarbeit ist zeitlich begrenzt und wesentliche Arbeiten können damit ausgelagert werden. Der Freelancer-Markt hat sich ausgeweitet und ist weiter auf Wachstumskurs. Die Anzahl der Freiberufler ist auf fast 1,5 Mio. Personen gestiegen [3]. Eine steigende Spezialisten-Anzahl mit festem Stundensatz kann sich für Unternehmen als wertvoll herausstellen, da damit die Auswahl am Dienstleister-Markt vergrößert wird. Die zudem erhöhte Flexibilität eines Freelancers ist ein großer Vorteil. Bekannte Freelancer-Plattformen sind z. B. Freelancermap.de, Fiverr.de oder freelance.de. In Zukunft wird die Anzahl der Freelancer aller Voraussicht nach weiter steigen, daher sollte jedes Unternehmen prüfen, ob diese Art der externen Unterstützung sinnvoll ist. Achten Sie bei der Auswahl auf die notwendigen Fachkompetenzen im Bereich Mitarbeiter-Benefits und Projektmanagement. Auch ein externer Dienstleister benötigt seine Zeit. Setzen Sie ihn daher zeitlich nicht allzu sehr unter Druck. Das Gras wächst nicht schneller, wenn man daran zieht.

2.4   Das Angebot muss zum Bedarf passen

Sie sollten nicht viele Anzüge im Schrank haben, sondern die passenden! Genauso verhält es sich mit dem Angebot von Mitarbeiter-Benefits im Unternehmen. Es ist demnach nicht sinnvoll, dem Mitarbeiter anzubieten, sein Home-Office auf Firmenkosten einzurichten, wenn er keine oder nur wenig Möglichkeiten hat, im Home Office zu arbeiten.

Die willkürliche zur Verfügungstellung von Incentives nach dem Gießkannenprinzip ist nicht sonderlich schwer, aber eben auch wenig erfolgreich und mitunter kostspielig.

> Wenn Incentives nicht nachgefragt werden und damit überhaupt keine Chance besteht, positive Emotionen beim Mitarbeiter auszulösen, dann deutet einiges auf wenig erfolgreiche Benefits und damit auf eine Fehlinvestition hin.

Kurz gesagt, der Bedarf muss vor der Festlegung der Benefits geprüft und festgestellt werden. Was beeinflusst nun die Wünsche und den tatsächlichen Bedarf der Belegschaft?

Einige Einflussfaktoren sind beispielsweise:

- Altersstruktur der Mitarbeiter im Unternehmen,
- Branche,
- Unternehmensstandort,
- Vergütungsstruktur,
- angebotene Dienstleistungen und Produkte oder
- Führungskultur und Geschäftsmodell.

Eine essenzielle Aufgabe ist es daher, den Benefit-Bedarf z. B. via Mitarbeiterbefragungen und Interviews gemeinsam mit dem Mitarbeiter zu ermitteln. Es ist sinn-voll, die Mitarbeiter bei dieser Ermittlung einzubeziehen und anzuhören. Die Individualisierung, also das best-mögliche Eingehen auf den einzelnen Mitarbeiter, ist der optimale Weg. **Grundsätzlich lässt sich auch sagen, dass nicht die Menge der Benefits entscheidend für deren Erfolg ist, sondern vor allem die Qualität und Pass-genauigkeit.**

2.4.1 Mitarbeiterbefragung

Wie oben beschrieben, kann der Benefit-Bedarf per Mit-arbeiterbefragungen in Erfahrung gebracht werden. Diese Befragung sollte nicht nur einmalig sein, sondern in regelmäßigen Abständen wiederholt werden. Aufgrund von Fluktuation kann sich nämlich die Mitarbeiter-struktur ändern und sich ein entsprechend neues Bedarfs-ergebnis ergeben. Eine anonyme Online-Umfrage z. B. von easy-feedback.de ist praktikabel und unkompliziert. Binden Sie vor der Durchführung der Befragung, falls vorhanden, den Betriebsrat ein, um die Art der Durch-führung und die Fragen abzustimmen. Neben der Online-Befragung sind persönliche Gespräche ebenfalls ein geeignetes Mittel, um passgenaue Benefits herauszu-finden. Ob im Feedback- oder Jahresgespräch, 100-Tage-Gespräch oder einfach in lockerer Atmosphäre in der Kantine oder am Arbeitsplatz. Es gibt viele Möglichkeiten, den Mitarbeiter zu fragen: **Welche Mitarbeiter-Benefits wünschst du dir und bringen dir einen Nutzen?** Eine entsprechende Dokumentation dieser Gespräche ist für eine spätere Auswertung hilfreich.

2.4.2 Analyse der bisherigen Benefits

Neue Besen kehren gut! Auch bei Benefits kann das so sein. Doch was ist mit den alten, also den bisher angebotenen Benefits? Wurden und werden diese überhaupt genutzt und wie werden sie von der Belegschaft bewertet? Bevor neue Benefits ins Rennen geschickt werden, gilt es, Klarheit über den Erfolg der bisherigen Benefits zu haben. Eine detaillierte Auswertung ist hier unabdingbar. Falls unerfolgreiche Benefits festgestellt wurden, sollten sie diese nicht einfach aussortieren. Vielmehr sollte herausgefunden werden, an was die fehlende Durchdringung zu den Mitarbeitern lag. Im besten Fall hat einfach noch eine Kleinigkeit gefehlt, oder den Mitarbeitern war das Angebot gar nicht bekannt. Es gibt sie aber trotzdem, die gut gemeinten aber unerfolgreichen Benefits. Sind diese erst einmal identifiziert, sollte eine Trennung vollzogen werden und dieser Mitarbeitervorteil der Belegschaft nicht mehr zur Verfügung stehen. **Wie bereits erwähnt, nicht die Masse ist entscheidend, sondern die Klasse!** Damit verbessert sich zudem der Überblick der angebotenen Zusatzleistungen sowie Zeit und Kosten für die Verwaltung können eingespart werden.

2.4.3 Budget und Wertbeitrag

Wie hoch sind nun die Kosten für wirksame Mitarbeiter-Benefits? Erwartet werden könnte nun ein rechnerisch ermittelter Euro-Betrag oder eine Kennzahl. Es kann vorweggenommen werden, dass es diesen genauen Geldbetrag leider nicht gibt. Zuerst sollten wir die Begrifflichkeit „Kosten" für Mitarbeiter-Benefits in „Investitionen" ändern. Dieser Irrtum sollte endlich aufhören. Unter

Investitionen versteht man die langfristige Verwendung finanzieller Mittel für materielle oder immaterielle Vermögensgegenstände, die auf der Aktivseite der Bilanz aktiviert werden [4]. Soweit so gut. Da könnte der Hund schon begraben sein. Denn Aufwendungen für Mitarbeiter-Benefits oder auch im Allgemeinen für die Arbeitgeberattraktivität sind als Kosten und nicht als Investition in der Gewinn- und Verlustrechnung zu buchen. Warum ist eine Aktivierung als immaterieller Vermögenswert und damit die Aufteilung der Kosten auf mehrere Jahre nicht möglich? Damit wären für viele Unternehmen diese langfristigen, hohen Investitionen in die Arbeitgeberattraktivität besser möglich. Aktuell erfolgt die Zuordnung vollständig in den Personalkosten, die den Jahresgewinn reduzieren.

Die Freigabe eines Budgets der einzelnen Maßnahmen ist meistens eine wesentliche Aufgabe der Geschäftsleitung. Bei Mitarbeiter-Benefits lässt sich nicht so leicht eine Amortisationsrechnung aufstellen, die zeigt, wann sich die Investition lohnt. Das ist ein Grund, warum die Budgetierung bei Mitarbeiter-Benefits vielen Verantwortlichen schwerfällt. Wenn im Unternehmen der Grundsatz verankert ist, dass Mitarbeiter-Benefits wichtig und diese auch im Employer-Branding verankert sind, dann sollten die Unternehmenslenker großzügig bei der Budgetierung sein.

> Aufwendungen für Mitarbeiter-Benefits sind keine Kosten, sondern können als Investition in die Zukunft angesehen werden!

Hohe Kosten sind ein wiederkehrendes Argument der Benefit-Kritiker. Dieses Argument der Kritiker hat es dahingehend relativ leicht, da die Vorteile von Mitarbeiter-Benefits nicht immer messbar sind.

> Nicht alles, was zählbar ist, zählt. Und nicht alles, was zählt, ist zählbar. (Albert Einstein)

Es ist keine einfache Amortisationsrechnung wie bei einer Maschine anzustellen, mit der eine Investitionsentscheidung begründet werden kann. Die häufige Folge: Keine Berechnungsmöglichkeit heißt eben auch oftmals keine Investition.

Im Kern wirken passende, mitarbeiterorientierte Benefits besonders in folgenden Bereichen:

- Steigerung der Motivation, Loyalität und Leistung von Mitarbeitern,
- Verbesserung der Arbeitsstruktur und -kultur durch gelebte Mitarbeiterorientierung sowie
- Verbesserung der Arbeitgeberattraktivität nach innen und außen.

Diese genannten Punkte sind schwer messbar und falls doch, ist die Errechnung eines Eurowertes kaum und nur mit vielen Variablen möglich. Vielmehr sollte der Ansatz des Wertbeitrages von Mitarbeiter-Benefits verändert werden.

Alte Fragestellung:
Was kosten dem Unternehmen die angebotenen Benefits?

Neue Fragestellung:
Welche Kosten entstehen, wenn das Unternehmen nicht in Mitarbeiter-Benefits und die damit verbundene Arbeitgeberattraktivität investiert?

Wie hoch sind die Kosten, die durch die Mitarbeitergewinnung, den Produktivitätsausfall, die Mehrbelastung
für andere Mitarbeiter usw. entstehen? Letztlich müssen
alle Kosten betrachtet werden, wenn die oben genannten
Aufzählungspunkte nicht erfüllt sind. Dieser Ansatz führt
dazu, dass je nach Unternehmen der Kostenschmerz
kleiner oder größer ausfällt. Das hat unter anderem
etwas mit der Mitarbeiterstruktur, Unternehmenskultur,
Branche, Unternehmensgröße und dem Standort zu tun.
Ein Cost-of-Vacancy-Rechner, für die Einordnung der
Kosten für eine unbesetzte Stelle, ist unter www.kennt-ihr-
einen.de [5] zu finden.

Ein Beispiel zum besseren Verständnis

Nehmen wir die Investition in die IT- und EDV-Struktur
eines Unternehmens als Vergleich. Hier ist es mittlerweile
glasklar, dass man stetig in neue Hard- und Software
investieren muss. Damit werden unnötige Prozesskosten,
Ausfallzeiten, Cyberangriffe usw. reduziert. In diesem
Bereich haben die Unternehmen oftmals über erfahrenen
Schmerz gelernt, dass es ohne stetige Investitionen nicht
geht. Vor allem, wenn man größere Kosten und Stress vermeiden will. Für Investitionen in die Arbeitgeberattraktivität verhält es sich genauso. Investitionen in diesen beiden
Bereichen sind keine Garantie für die Vermeidung von
Kosten. Jedoch erhöht es die Chancen erheblich. Zudem
kann eine gute IT-Struktur wie auch eine hohe Arbeitgeberattraktivität nicht auf die Schnelle aus dem Hut
gezaubert werden. Es sind Entwicklungsschritte, die mit
Arbeit, Zeit und Geldeinsatz verbunden sind. Wenn jedoch
regelmäßig Arbeit und Geld investiert werden, ist eine
Reaktion auf veränderte Situationen und notwendige
Optimierungen erst möglich.

In einer aktuellen Studie wurde festgestellt, dass sich die
Ausgaben für betriebliches Gesundheitsmanagement langfristig lohnen. Jeder Euro, den ein Unternehmen in das

Gesundheitsmanagement fließen lässt, zahlt sich langfristig mit 5 bis 16 € aus [6].

Neben der höheren Produktivität und Mitarbeiterzufriedenheit verbessert sich auch die Attraktivität als Arbeitgeber. Benefits, die der Gesundheit der Mitarbeiter zuträglich sind, sollten in jedem guten Benefit-Portfolio vorkommen. Es liegt also nahe, dass sich ein ausgewogenes Angebot an Benefits in ähnlichem Ausmaß rentiert.

2.5   Fazit

Wie so oft ist entscheidend, dass man ins Handeln kommt. Wer den Stein ins Rollen bringt, ist unwichtig. Hauptsache das Thema Mitarbeiter-Benefits wird mit Elan und hoher Priorität im Unternehmen angegangen. Dieses Thema umfasst immer mehrere Bereiche im Unternehmen. Diese Bereiche sind optimal auf eine funktionierende Benefit-Kultur einzustellen. Dabei ist die Kommunikation und die Einbindung der Belegschaft von Anfang an entscheidend.

Schauen Sie sich an, was bisher im Unternehmen rund um das Thema Benefits gelaufen ist. Vielleicht ist der bisherige Weg schon der richtige und muss lediglich optimiert werden.

Verändern Sie ihr Denken. Mitarbeiter-Benefits sind keine Kosten, sondern Investitionen, die Ihren Wertbeitrag leisten. Vielleicht nicht gleich heute und morgen, aber langfristig ist das sehr wahrscheinlich. Eine Berechnung der Rentabilität von Benefits ist nur schwer möglich und daher sollte der Fokus nicht allzu lange auf die Ermittlung von Kennzahlen zur Amortisation verschwendet werden. Bei welcher Investition kann man die Rentabilität tatsächlich sicher voraussagen? Machen und verbessern ist hier wichtiger als ein detailliertes und begründendes Errechnen der Vorteile.

Optimismus, Idealismus und eine positive Grundhaltung gegenüber den Menschen im Unternehmen sind gute Zutaten, um eine passende Benefit-Strategie in einer wandelnden Arbeitswelt zu entwickeln und erfolgreich umzusetzen.

Literatur

1. Rudnicka, J. (2022). https://de.statista.com/statistik/daten/studie/321958/umfrage/anzahl-der-kleinen-und-mittleren-unternehmen-in-deutschland/. Zugegriffen: 20. Mai 2022.
2. Schewe, G. (2021). Was ist ein Projekt? Wirtschaftslexikon Gabler (2021). https://wirtschaftslexikon.gabler.de/definition/projekt-42861. Zugegriffen: 13. Dez. 2021.
3. Rudnicka, J. (2022). https://de.statista.com/statistik/daten/studie/158665/umfrage/freie-berufe---selbststaendige-seit-1992/. Zugegriffen: 11. Jan. 2022.
4. Pape, U. (2021). Investition. https://wirtschaftslexikon.gabler.de/definition/investition-39454. Zugegriffen: 28. Febr. 2022.
5. https://kennt-ihr-einen.de/arbeitgeber/cost-of-vacancy-rechner/.
6. Pilenz, S. (unbekannt). Lohn sich BGM? https://www.ihk.de/chemnitz/servicemarken/branchen/querschnittsthemen/betriebliches-gesundheitsmanagement/lohnt-sich-bgm-1922596.

3

44 Ideen mit Praxistipp

Bei der großen Anzahl an möglichen Mitarbeiter-Benefits geht der Überblick schnell verloren. Eine Einteilung in einzelne Kernbereiche kann daher sinnvoll sein. Gleichwohl kann man sagen, dass nicht immer jeder Benefit eindeutig nur zu einem Bereich zuzuordnen ist. Mehrere auswählbare Rubriken sind durchaus möglich. Die folgenden 44 Benefits, die mit Praxistipp aufgeführt sind, sind in die Kategorien Geld, Arbeitsinfrastruktur, Persönlichkeit/Karriere, Gesundheit, Familie und Freizeit & Spaß eingeteilt. Es handelt sich dabei nur um eine überschaubare Auswahl, die keinen Anspruch auf Vollständigkeit der zahlreichen Benefit-Möglichkeiten hat. Außerdem sind diese Benefits nicht bewertet, d. h. es erfolgt keine Einteilung danach, ob Arbeitnehmer oder Arbeitgeber diese bevorzugen oder welche Benefits besonders beliebt sind.

© Der/die Autor(en), exklusiv lizenziert an Springer Fachmedien Wiesbaden GmbH, ein Teil von Springer Nature 2023
F. Brückner, *Erfolgsfaktor Mitarbeiter-Benefits,* Fit for Future,
https://doi.org/10.1007/978-3-658-39631-2_3

3.1   Geld

Internetzuschuss

Der Internetzuschuss ist eine gute Möglichkeit, dem Mitarbeiter eine abgabenoptimierte Zuwendung zukommen zulassen. Der Arbeitgeber versteuert den Internetzuschuss mit 25 % pauschaler Lohnsteuer zuzüglich Solidaritätszuschlags und Kirchensteuer. Der Zuschuss ist sozialversicherungsfrei und muss zusätzlich zum ohnehin geschuldeten Arbeitslohn gezahlt werden.

Bis maximal 50 € monatlich kann er gezahlt werden. Der Arbeitnehmer muss lediglich einmal im Jahr schriftlich versichern, dass ihm die Höhe des Zuschusses mindestens an Kosten für den Internetanschluss entstehen. Da inzwischen fast alle Mitarbeiter einen Internetanschluss zuhause besitzen, ist der Internetzuschuss weitreichend einsetzbar. Der Zuschuss ist mit einer Nettolohnauszahlung vergleichbar und wird im Regelfall monatlich über die Lohnabrechnung ausgezahlt.

> **Praxis-Tipp**
>
> Gewähren Sie den Zuschuss nur in Absprache mit Ihrem Steuerberater. Die aktuelle Rechtslage und die organisatorische Umsetzung müssen vorher geprüft werden.

Erholungsbeihilfe

Der Mitarbeiter geht in Urlaub und die Firma zahlt einen gewissen Betrag dazu. Im Kern handelt davon die Erholungsbeihilfe, die für jeden Mitarbeiter jährlich für den Arbeitnehmer abgabenfrei in Höhe von 156 € für sich, 104 € für den Ehegatten und 52 € für jedes Kind gezahlt werden kann. Der Arbeitgeber besteuert diesen Gesamtbetrag lediglich mit 25 % Pauschalsteuer.

> **Praxistipp**
>
> Der Arbeitgeber sollte sich schriftlich bestätigen lassen, dass die Zahlung für Erholungszwecke genutzt wurde. Eine Gewährung der Erholungsbeihilfe zusätzlich zum Urlaubsgeld ist möglich.

Mitarbeiterrabatt

Wenn Sie Mitarbeiter im Unternehmen haben, die die eigenen Leistungen und Produkte nachfragen, ist das schon einmal ein großer Erfolg. Der Mitarbeiter sollte dann auch günstiger an die Produkte kommen, als der gewöhnliche Kunde. In den meisten Firmen gibt es dazu auch schon langjährige Gepflogenheiten. Großzügigkeit innerhalb der gesetzlichen Regelungen ist sicher nicht schädlich.

> **Praxistipp**
>
> Für die Gewährung von Rabatten sind die gesetzlichen Regelungen unbedingt zu beachten. Hier ist z. B. der Rabattfreibetrag in Höhe von 1080 € pro Mitarbeiter und Kalenderjahr zu nennen. Der Verwaltungsaufwand und das Kostenrisiko ist bei diesem Benefit nicht zu unterschätzen. Eine weitere Möglichkeit für externe Rabatte besteht bei Anmeldung des Unternehmens bei Corporate Benefits [1]. Diese Online-Plattform ist für alle Beteiligten kostenfrei und bietet zahlreiche Mitarbeiterrabatte bei vielen Händlern.

Urlaubs- und Weihnachtsgeld

Eines der beliebtesten Benefits ist immer noch das Urlaubs- und Weihnachtsgeld. Leider kommt nur gut jeder zweite Mitarbeiter in den Genuss dieser beiden Sonderzahlungen [2]. Vor allem hängt es von der Branche ab, ob die beiden Sonderzahlungen gewährt werden. Ein gesetzlicher Anspruch besteht jeweils nicht. Lediglich

durch Tarifvertrag, Betriebsvereinbarung oder Arbeitsvertrag kann der Arbeitgeber verpflichtet sein. Auch die
wiederholte freiwillige Zahlung, die sogenannte betriebliche Übung, kann Zahlungsansprüche erwirken. Der Vorteil dieser Benefits für die Mitarbeiter liegt auf der Hand.
Mehr Geld für Urlaub und Weihnachten steht zur Verfügung. Unternehmen sollten nicht unterschätzen, dass
Mitarbeiter besonderen Wert auf diese freiwillige Leistung
zum Gehalt legen. Für Unternehmen steigert sich die
Arbeitgeberattraktivität allemal.

> **Praxistipp**
>
> Das Weihnachtsgeld wird in der Regel per Einmalzahlung
> mit dem jährlichen Novembergehalt ausgezahlt. Beim
> Urlaubsgeld gibt es unterschiedliche Möglichkeiten.
> Einmalig z. B. mit der Juli Gehaltsabrechnung oder je
> genommenem Urlaubstag. Gewählt werden sollte die
> für das Unternehmen verwaltungsärmere und bessere
> Konstellation. Die Höhe ist vielleicht gar nicht alles ent-
> scheidend. Hauptsache die Sonderzahlungen werden
> überhaupt gewährt und steigern sich entsprechend den
> Möglichkeiten des Unternehmens.

Zuschuss zu Kinderbetreuungskosten

Bei Familien sind die Kosten für die Kinderbetreuung
ihrer Sprösslinge im monatlichen Haushaltsplan fest verankert. Mehrere Bundesländer erstatten beispielsweise
einen Teil der entstandenen Kosten für Kita und Kinder-
garten. In der Regel bleibt für die Familien jedoch ein
Eigenanteil. Die durch die Familien getragene finanzielle
Last kann durch einen Zuschuss vom Arbeitgeber
abgemildert werden. Und das auch noch steuer- und
sozialversicherungsfrei. Eine sehr schöne Alternative zur
gewöhnlichen Gehaltserhöhung.

Praxistipp

Dieser Benefit ist nur abgabenfrei, wenn er zum ohnehin geschuldeten Lohn hinzukommt. Eine Gehaltsumwandlung ist demnach nicht möglich. Um bei einer Prüfung durch die Behörden nicht unnötig ins Schwitzen zu kommen, sollten Belege über die tatsächlichen Kosten, die dem Arbeitnehmer entstanden sind, vorgehalten werden. Erstattet kann natürlich nur das werden, was auch als Belastung angefallen ist.

Betriebliche Altersvorsorge

Gerade in jungen Jahren wird nicht unbedingt an das finanzielle Auskommen nach dem Arbeitsleben gedacht. Wenn dieses Thema dann doch angegangen wird, findet man sich im Produktdschungel der Versicherungen kaum zurecht. Der schwierigen Entscheidung für ein Vorsorgeprodukt folgt im Laufe der Zeit dann oft die Kündigung oder Stilllegung dieser Versicherungspolice. Jede zweite private Lebensversicherung wird wieder gekündigt [3]. Sehr viel schöner ist eine Vorsorge über den Arbeitgeber. In den Personalabteilungen ist die betriebliche Altersvorsorge mittlerweile Usus. Das Wissen ist vorhanden oder kann zusätzlich durch Berater eingekauft werden. Zudem profitieren Firmen oft von Rahmenverträgen, die deutlich lukrativer sein können als Privatverträge. Die Kirsche auf der Torte ist dann der Arbeitgeberzuschuss, der gemäß der gesetzlichen Regelung seit 2022 ebenfalls gezahlt werden muss. Dieser gesetzliche Mindestbeitrag kann durch einen höheren Arbeitgeberzuschuss ergänzt werden. In vielen Tarifverträgen ist dies der Fall. Auch eine Staffelung z. B. je nach Betriebszugehörigkeit oder Funktion ist umsetzbar.

Neben der klassischen Entgeltumwandlung besteht zudem die Möglichkeit, eine arbeitgeberfinanzierte, betriebliche Altersvorsorge abzuschließen. Vor allem im Bereich des Top-Managements ein üblicher Benefit bzw. eher sogar Bestandteil des Arbeitsvertrages. Das ist jedoch nicht nur für die Führungsriege etwas, sondern durchaus auch für andere Belegschaftsteile. Die monatlichen Beiträge müssen gar nicht hoch sein, um über die Jahre hinweg dann doch ein nettes Zusatzgeld zur gesetzlichen Rente zusammenzubekommen. Ohne betriebliche Altersvorsorge ist eine hohe Arbeitgeberattraktivität kaum zu erreichen. Dieser Benefit gehört mittlerweile zum Standard.

Praxistipp

In diesem Bereich ist die Zusammenarbeit mit Experten der Altersvorsorge unabdingbar. Oft läuft dies über Versicherungsagenturen, die ihr Produktportfolio anbieten. Ob dieses Angebot, das Beste für ihre Belegschaft ist, muss geprüft werden. Dafür eignen sich Honorarberater, die, ohne eine Versicherung abschließen zu müssen, neutral und objektiv beraten können. Lassen Sie sich Zeit, bis das Vorsorgekonzept steht. Dieses langfristige Grundgerüst lässt sich nämlich nicht mehr so leicht ändern.

Bezahlte Pflegezeit

Im Hinblick auf die demografische Entwicklung könnte das Thema Pflege in nicht allzu ferner Zukunft ein bestimmendes Thema werden. Pflegende Mitarbeiter unterstützen ihre Angehörigen und entlasten das Gesundheitssystem. Als Unternehmen kann man hier in unterschiedlicher Art und Weise unterstützen. Beim Autohersteller Porsche können sich die Mitarbeiter beispielsweise für drei Monate von der Arbeit für Pflege eines Angehörigen freistellen lassen und bekommen 75 % ihres Bruttogehaltes weitergezahlt [4].

Praxistipp

Die Pflege von Angehörigen ist neben der zeitlichen, auch eine psychische Belastung. Unterstützen sie die Mitarbeiter nicht nur mit bezahlter Pflegezeit, sondern auch mit einem offenen Ohr, wie das Unternehmen in diesem Thema bestmöglich unterstützen kann.

Firmenwagen

Der gute alte Firmenwagen als Benefit kommt wieder mehr in Mode. Eines der Gründe ist die steuerliche Behandlung des geldwerten Vorteils der Firmenwagennutzung. Der geldwerte Vorteil, der in der Vergangenheit mit der 1-%-Methode abgerechnet wurde, kann seit nicht allzu langer Zeit mit 0,25 % oder 0,5 % erfolgen. Das betrifft jedoch nur reine Elektro- oder Hybridfahrzeuge. Die Ersparnis ist hier für den Arbeitnehmer nicht unerheblich. Wenn der Arbeitgeber dann auch noch eine Lade-Infrastruktur im Unternehmen für die Mitarbeiter zur Verfügung stellt, entsteht ein hervorragender Mobilitäts-Benefit, bei denen Arbeitnehmer und Arbeitgeber profitieren können.

Praxistipp

Beachten Sie die Regelungen bei reinen Elektro- und Hybridfahrzeugen. Auch die Grenze des Bruttolistenpreises in Höhe von 60.000 € ist zu beachten. Aus Kostengründen kann nicht jedem Mitarbeiter ein Firmenwagen zur Nutzung überlassen werden. Machen Sie daher klare Regeln, wann dies überhaupt infrage kommt. Vor allem bei Führungskräften ist die Dienstwagennutzung üblich. Aber warum sollten nicht auch Mitarbeiter außerhalb der Führungsriege als Incentive in diesen Genuss kommen? Besondere Leistungen oder Firmentreue können damit sehr gut gewürdigt werden.

3.2   Arbeitsinfrastruktur

Kostenübernahme der Home-Office-Ausstattung

Der Esstisch und der dazugehörige Stuhl werden zum Home-Office-Arbeitsplatz umfunktioniert und fertig ist der Home-Office-Arbeitsplatz. Die Realität ist häufig so. Die fehlende Arbeitsplatz-Ergonomie und nicht vorhandene Trennung von Beruf und Privatleben ist eine logische Folge. Bieten sie daher Ihren Mitarbeitern an, den bisherigen Home-Office-Arbeitsplatz zu optimieren und die Kosten dafür zu übernehmen. Ein höhenverstellbarer Schreibtisch, der ergonomische Bürostuhl und der zweite Bildschirm ist zwar keine günstige, jedoch eine sinnvolle Investition in die Gesundheit und Produktivität der Arbeitnehmer.

Praxistipp

Gefühlte Fairness ist hier ein sehr wichtiger Aspekt. Identifizieren Sie also Ihre Mitarbeiter mit relativ hohen Home-Office-Arbeitszeiten und stellen dann jedem dieser Angestellten die gleichen Optimierungsmöglichkeiten zur Verfügung. Auch sollten Sie ein Übergabeprotokoll der Büroausstattung anfertigen lassen, damit sie überhaupt noch eine Möglichkeit haben, zukünftig in die Verfügungsmacht der Gegenstände zu kommen.

Überlassung von Betriebsausstattung

Nicht alles, was im Unternehmen ausrangiert wird, ist reif für die Mülltonne. Es ist durchaus wahrscheinlich, dass Mitarbeiter für verschiedenste Gegenstände noch Verwendung finden. Ob ausrangierte EDV-Geräte, Möblierung bis hin zu Geschäftsfahrzeugen kann den Mitarbeitern ein Vorkaufsrecht eingeräumt werden. Eine

Weiterverwendung der Gegenstände spricht für das nachhaltige Wirtschaften im Unternehmen.

Praxistipp

Geben Sie, wenn möglich, allen Mitarbeitern das Kauf- oder Mitnahmerecht von Gegenständen. Damit fühlt sich kein Mitarbeiter benachteiligt. Ein E-Mail-Newsletter könnte eine unkomplizierte Möglichkeit sein, ein Angebot an die Belegschaft zu kommunizieren. Für die Preisfeststellung sollte ein Steuerberater hinzugezogen werden.

Vier-Tage-Woche

Wer sagt eigentlich, dass eine Arbeitswoche fünf Tage haben muss? Was die richtige Anzahl der Arbeitstage pro Woche ist, kann nur jeder Arbeitnehmer selbst bestimmen. Ob es mehr Zeit für die Familie und Freunde ist, mehr Zeit für Hobbys oder einfach nur fehlende Motivation für fünf Arbeitstage pro Woche. Egal. Es gibt viele verschiedene Gründe warum eine „verkürzte" Arbeitswoche sinnvoll sein kann. Der Wunsch nach kürzeren Arbeitszeiten wird immer größer. Der Wohlstand scheint es herzugeben, da nicht jeder unbedingt auf das Einkommen aus einer Tätigkeit mit fünf Arbeitstagen angewiesen ist. Oder sind es die neuen Aufteilungen innerhalb der Familien, die auch Frauen viel mehr und öfter nach der Familiengründung in das Arbeitsleben zurückruft und die Männer mehr Kinderzeit übernehmen? Ganz egal, was die Gründe sind, wenn alle zufrieden sind, ist doch alles gut. Es gibt bei der Vier-Tage-Woche zwei grobe Unterscheidungen:

• Vier-Tage-Woche **ohne** Lohnausgleichung und
• Vier-Tage-Woche **mit** Lohnausgleichung.

Im ersten Fall erledigt der Arbeitnehmer seine Arbeit einfach in vier anstatt in fünf Tagen. Bezahlt wird er für fünf Tage. Der Arbeitgeber belohnt damit eine effektive Arbeitsweise des Arbeitnehmers.

Im zweiten Modell arbeitet der Arbeitnehmer einen Tag weniger und erhält auch nur den entsprechenden Lohn für diese vier Tage. Diese Variante ist in der Regel in einem Großteil der Unternehmen anwendbar. Die Frage ist nur: Will das Unternehmen einen Tag in der Woche auf den Mitarbeiter verzichten? Vor allem die leistungsstarken Mitarbeiter haben immer wieder das Problem, dass ihre Vorgesetzten diese Reduzierung der Arbeitszeit nicht für gut heißen – auch wenn es für den Mitarbeiter von Vorteil wäre.

Ein Argument hält jedoch immer hartnäckig dagegen:

> Die wichtigsten Tätigkeiten schafft ein Mitarbeiter in der Regel auch in vier Tagen!

Es ist also wohl von vielen Unternehmen noch nicht gewollt, dass von dem traditionellen Arbeitszeitmodell abgewichen wird. Das geht oftmals angeblich wegen des Fachkräftemangels nicht. Jedoch sollten Sie lieber eine Fachkraft vier Tage beschäftigen, anstatt dies Kraft zu verlieren oder nie zu bekommen. Fehlende Flexibilität der Unternehmen ist ein wesentlicher Grund des Fachkräftemangels. Spannend wird es, wenn die Digitalisierung und Automatisierung weiter voranschreitet und die Arbeit für fünf Tage in manchen Bereichen einfach nicht mehr da ist. Auch die jüngere Generation kann sich weniger Arbeiten gut vorstellen. Jedes Unternehmen tut gut daran, diesen Zustand positiv einzuordnen und nicht mit

Produktionseinbußen gleichzusetzen. Denn ein Arbeitnehmer, der mit einem Tag mehr Freizeit ausgeglichener ist, eine ausgewogene Work-Life-Family-Balance hat und dadurch seinem Brötchengeber mit einer gewissen Dankbarkeit gegenübersteht, ist sehr wertvoll für das Unternehmen.

Geringerer Krankenstand, höhere Effektivität, mehr Motivation und Loyalität sind durchaus realistische Folgen einer Vier-Tage-Woche. Ein interessanter Effekt entsteht zudem, wenn das oben beschriebene Arbeitszeitmodell erfolgreich im Betrieb eingeführt wurde und funktioniert. Es werden freie zeitliche Ressourcen geschaffen, die im „Notfall" abgerufen werden können. In Krisenzeiten oder in einer arbeitsreichen Sondersituation können Mitarbeiter zeitlich befristet von einer Vier-Tage-Woche auf eine Fünf-Tage-Woche aufstocken. Bei einer Fünf-Tage-Woche ist dies nur bedingt möglich und nur unter massivem Verschleiß des Mitarbeiters.

Praxistipp

Wenn Sie von diesem Zeitmodell überzeugt sind, dann bieten Sie es jedem Mitarbeiter an. Denn genau den Personengruppen, denen man diesen Vorteil aufgrund ihrer Wichtigkeit angeblich nicht anbieten kann, freuen sich besonders darüber. Prüfen Sie unbedingt, ob das Geschäftsmodell des Unternehmens bei einer flächendeckende Vier-Tage-Möglichkeit noch funktioniert. Der Kunde muss auch bei einer kürzeren Arbeitswoche gut betreut sein. Kommunizieren Sie diese Möglichkeit unbedingt nach außen. Nicht jeder möchte oder viele Menschen können auch einfach keine fünf Tage mehr ihren Dienst nachgehen. Diese potenziellen Mitarbeiter sind nicht weniger wertvoll und können mit etwas Glück für das Unternehmen gewonnen werden.

Mitarbeiterevents

Es gibt keinen Königsweg für die Inhalte und die Rahmenbedingungen von Veranstaltungen, die für die Mitarbeiter organisiert werden. So ein Event ist eine gute Möglichkeit, seinen Mitarbeitern eine gewisse Wertschätzung entgegenzubringen. Die passende Location, ein leckeres Menü und eben auch gute Unterhaltung sind wesentliche Erfolgsfaktoren eines solchen Events. Für die Unterhaltung können Sie mit den verschiedensten Ideen etwas Tolles auf die Beine stellen. Eine davon könnte die Einladung eines Gastredners sein. Der Speaker-Markt bietet eine große Auswahl an Personen, die spannende Geschichten erzählen und im besten Fall auch noch ein positives Erlebnis für jeden einzelnen Mitarbeiter bewirken. Der Sportartikelhersteller Adidas lud auf seinen Mitarbeiterevents in Herzogenaurach z. B. Stars wie Fußball-Weltmeister Thomas Müller und Musik-Weltstar Pharell Williams ein [5].

Praxistipp

Bevor das Unternehmen einen kostspieligen Speaker bucht, sollte mindestens eine verantwortliche Person die Show und Performance des Redners einmal live gesehen haben. Damit wird das Risiko eines Flops in der Regel deutlich verringert.

Umzugshilfe

Für einen Umzug in eine neue Wohnung oder in ein Haus wird u. a. Zeit und ein Transportmittel benötigt. Den zeitlichen Aspekt könnte man mit einem Tag Sonderurlaub zum Teil ausgleichen. Beim Transportmittel wird es schon schwieriger, jedoch bietet vielleicht der Firmen-Fuhrpark (z. B. Transporter) eine Möglichkeit oder die lokale Autovermietung, mit der zusammengearbeitet werden kann.

> **Praxistipp**
>
> Die Umzugshilfe sollte nicht nur neuen Mitarbeitern im Rahmen des Onboardings angeboten werden, sondern der gesamten Belegschaft. Es ist sinnvoll, die Regelungen der Umzugshilfe schriftlich zu kommunizieren, sodass die unkomplizierte Inanspruchnahme gewährleistet wird.

Napping-Rooms

Das Mittagstief oder einfach nur Schlafmangel aufgrund des Nachwuchses, manchmal wirken ein paar Minuten Ruhe oder ein Schläfchen wahre Wunder. Wer die räumlichen Möglichkeiten hat, kann einen Ruheraum mit Schlafcouch und Hängematte einrichten, in dem die Mitarbeiter Erholung finden. Zu finden ist so ein Raum z. B. im Headquarter vom Unternehmen Delivery Hero [4].

> **Praxistipp**
>
> Kurze Pausen ohne Tiefschlaf fördern die Kreativität. Diesen wissenschaftlichen Fakt sollten Unternehmen kennen. Der zur Verfügung gestellte Ruheraum sollte mit ein paar Regel z. B. nicht reden, kein Handy usw. ausgestattet sein, sodass die subjektive Meinung von Ruhe innerhalb der Belegschaft nicht zu Problemen führt.

Betriebsfeiern

Die einen veranstalten ein Sommerfest, die anderen eher die Weihnachtsfeier. Manche auch beides. Das Firmenjubiläum bekommt oftmals auch einen feierlichen Rahmen. Bei all dem täglichen Arbeitsstress sollte das Feiern in lockerer Atmosphäre zum festen Bestandteil einer attraktiven Arbeitskultur sein. Je nach Unternehmensgröße kann eine Feier mit der gesamten Belegschaft erfolgen. Abteilungsfeiern sind jedoch nicht weniger schön. Wenn

der Brötchengeber auch noch die Spendierhosen anhat,
dann feiert es sich noch schöner. Die Veranstaltung
von Betriebsfeiern ist in der Regel aufwendig. Wie viele
Firmenangehörige dann wirklich kommen, ist oft unklar.
Trotzdem sollte das feierliche Zusammenkommen
außerhalb des Arbeitsalltags nicht zu kurz kommen.
Feiern mit einem bestimmten Motto wie z. B. Hallo-
ween, Oktoberfest, Activity-Day haben ihren besonderen
Reiz. Gemeinschaftliche Aktivitäten können das Betriebsklima verbessern und regelmäßige Betriebsausflüge sind
in vielen Unternehmen feste Bestandteile. Gerne werden
diese geselligen Ausflüge von Abteilungen oder der ganzen
Belegschaft mit einer beruflichen Komponente wie z. B.
Werksbesichtigung oder fachlicher Vortrag versehen. Der
Austausch zwischen den Mitarbeitern ist an solchen Tagen
besonders wertvoll. Was das Rahmenprogramm angeht,
sind der Kreativität keine Grenzen gesetzt.

Hier einige Ideen:

- Whiskey-Tasting,
- Rafting,
- Wanderung,
- Ski fahren,
- Fahrsicherheitstraining auf Eis,
- Stadtführung mit Verköstigung,
- Bierbrau-Seminar,
- Casino-Abend,
- Krimi-Dinner,
- Escape-Room,
- Schifffahrt,
- Kart fahren,
- Grillkurs,
- Floßbau samt Floßfahrt oder
- Klettern.

Praxistipp

Eine sorgfältige Planung und auch eine klare Zuständig-
keit am Tag der Aktivität sind wichtig. Falls kein Mitarbeiter
diese Aufgaben übernehmen kann, ist eine auf Firmenaus-
flüge spezialisierte Event-Agentur eine gute Alternative.
Hier bekommen Sie auch noch zusätzliche Inspiration für
mögliche Aktivitäten. Klären Sie vor der Festlegung der
Feier auf einfache Art und Weise ab, welcher Ausflug oder
welche Veranstaltung den Mitarbeitern Freude bereiten
würde. So kommen die guten Ideen beiläufig auch aus den
Mitarbeiterkreisen. Lassen Sie die Betriebsausflüge bildlich
festhalten. Ein beauftragter Fotograf könnte die schönen
Momente festhalten, die dem Mitarbeiter im Nachgang
per gedrucktem Foto zur Verfügung gestellt wird. Das sorgt
dann gleich zweimal für positive Emotionen.

Hund am Arbeitsplatz

„Der Hund, der beste Freund des Menschen" – wie es so
schön heißt. Aus verschiedenen Gründen ist es manchmal
notwendig, einen Hund nicht alleine zuhause lassen
zu können. Warum diesen vierbeinigen, besten Freund
nicht einfach mit auf die Arbeit bringen? Die wenigsten
Kollegen stören sich über den unauffälligen Gast in
der Büroecke. Ganz im Gegenteil, es könnte sozusagen
auch einen Wau-Effekt geben. So ein treuer Hundeblick
trägt nämlich meistens zu einer positiven Stimmung
bei. Bei der Firma Scout24 sind die Vierbeiner herz-
lich willkommen und zahlreiche Mitarbeiter nehmen
diese Möglichkeit auch wahr [4]. Wer seinen Hund mit
ins Büro bringt, hat meistens mindestens einmal am Tag
die Notwendigkeit, nach draußen zu gehen. Das schafft
Bewegung und ist gut für Körper und Geist. Bürohund
besiegt sozusagen Schweinehund.

> **Praxistipp**
>
> Bevor jeder nun seinen Hund mitbringt, sollten die Rahmen-
> bedingungen mit dem Vorgesetzten abgestimmt werden.
> Die oben beschriebene gute Stimmung wird womöglich
> sonst vor die Hunde gehen.

Geschenke, die von Herzen kommen – „Tangible Gifts"

Kleine Geschenke und Gesten, die von Herzen kommen,
sind oft wertschätzender als viele Benefits, die teuer und
aufwendig sind. Mit Kleinigkeiten großzügig sein und
einfache, ehrlich von Herzen kommende Geschenke sind
wahre Glücklich-Macher für Mitarbeiter und Vorgesetzte.
Ob es das kürzlich gelesene Buch, ein Gewürz, oder ein
guter Wein ist. Hauptsache, es hat sich der Schenker
Gedanken darüber gemacht, was dem Empfänger eine
Freude bereiten würde [6].

> **Praxistipp**
>
> Es müssen keine teuren Geschenke sein und auch müssen
> sie nicht regelmäßig gemacht werden. Vielmehr müssen sie
> von Herzen kommen und zum Beschenkten passen. Dem
> Beschenkten fällt es sofort auf, wenn ein Geschenk nur
> „halbherzig" gemacht wird.

Kostenfreie Parkplätze

Nicht jedes Unternehmen hat die Möglichkeiten, entsprechend der Mitarbeiterzahl auch Parkplätze mit Nähe
zum Unternehmen zur Verfügung zu stellen. Besteht
jedoch eine Möglichkeit, auch wenn dies regelmäßige
Kosten verursacht, sollte über die Nutzung der Parkflächen
nachgedacht werden. Ob es das Nachbargrundstück oder
die Anmietung von festen Firmenparkplätzen in der

Tiefgarage nahe der Firma ist, versuchen Sie die bestmögliche Parksituation für die Mitarbeiter herzustellen. Die wenigsten möchten kurz vor Arbeitsbeginn einen Parkplatz suchen oder weite Wegstrecken zurücklegen. Kurze Wege zum Arbeitsplatz passen dann auch zu den Möglichkeiten von flexiblem Arbeiten.

Praxistipp

Lassen Sie von einem Mitarbeiter prüfen, wie die aktuelle Parksituation ist und wie zufrieden die Belegschaft damit ist. Evtl. lassen sich unkompliziert erste Verbesserungen erkennen und schnell umsetzen. Ist die Parksituation gut, kann durchaus darüber nachgedacht werden, diesen Vorteil auf der Habenseite der Arbeitgeberattraktivität auch nach außen zu kommunizieren.

Nachhaltigkeit

Dieses Thema findet sich wohl öfter in den Unternehmenswerten vieler Firmen wieder, als in irgendwelchen Benefit-Angeboten. Neben der Grundeinstellung von Unternehmen, nachhaltig zu wirtschaften, ist es auch ein wertvoller Vorteil für den Mitarbeiter. Nachhaltigkeit bedeutet unter anderem, mit den vorhandenen Ressourcen so umzugehen, dass sie möglichst lange zur Verfügung stehen. Das gilt auch in Bezug auf Human-Resources, also die personellen Ressourcen eines Unternehmens. Vor allem die Generation Y und Z legt besonderen Wert auf die Nachhaltigkeit, die ein Unternehmen in allen Belangen seines Tuns an den Tag legt. Für viele Unternehmen ist diese Feststellung eine Herausforderung. Diese zu meistern, lässt jedoch die Chance zu, die Welt ein wenig zu verbessern und auch bei der Fridays-for-Future-Generation anzukommen.

> **Praxistipp**
>
> Nachhaltigkeit bedeutet viel Arbeit und kostet oftmals Geld. Wenn das Unternehmen noch nicht so weit ist und in diesem Bereich noch nicht so gut aufgestellt ist, sollte es das akzeptieren. Green-Washing ist keine Alternative. Zu viele Unternehmen springen auf den ökologischen, nachhaltigen Zug auf, obwohl sie es nicht sind. Ein Mitarbeiter merkt das sehr schnell und die Glaubwürdigkeit des Unternehmens könnte darunter leiden.

3.3   Persönlichkeit/Karriere

Karriere-Coach

Wo steht die Karriereleiter? Gleich neben dem Hamsterrad! Um den Mitarbeiter vor einem beruflichen Fehltritt zu bewahren, kann eine Karriereplanung hilfreich sein. Stellen Sie sich vor, ihr Arbeitgeber organisiert eine ehrliche Karriereplanung für ausgewählte Mitarbeiter? Eine Planung, bei der es um die Bedürfnisse des Mitarbeiters geht und die Unternehmensinteressen in den Hintergrund rücken. Aus Sicht des Arbeitnehmers kann diese Karriereplanung eine Art Kompass darstellen, um seine beruflichen Ziele zu erreichen. Wichtig dabei ist, dass es hierbei in erster Linie um den Mitarbeiter geht. Selbst wenn diese Karriereplanung im schlechtesten Fall einen Arbeitgeberwechsel nach sich zieht, sollten sie zufrieden damit sein, diesen Mitarbeiter gefördert zu haben. Diese Dienstleistung war dann eine Art Geburtshilfe für eine vielleicht großartige Karriere. Und wer weiß, was die Zukunft bringt. Vielleicht kommt der geförderte Mitarbeiter als sogenannter Bumerang-Mitarbeiter auch wieder in das Unternehmen zurück und dankt es mit guten Leistungen auf einem besseren beruflichen Niveau. Eine ehrliche Karriereplanung kann mehrere Gewinner haben und eine andere Antwort auf die Frage im ersten Satz ergeben.

Praxistipp

Für diesen Benefit holen Sie am besten professionelle Hilfe an Bord, um die Unbefangenheit zu wahren. Es gibt zahlreiche Karriere-Coaches am Markt, die mit der Planung und Gesprächsführung beauftragt werden können. Ein passendes Briefing des Coaches sollte vorher durchgeführt werden.

Fachliche Weiterbildung

Selbst wer gut ausgebildet ist und einen großen Wissens- und Erfahrungsschatz hat, benötigt von Zeit zu Zeit auch in seinem fachlichen Bereich Weiterbildungen. Vor allem bei langjährigen Mitarbeitern wird das manchmal vernachlässigt. In einer Zeit, bei dem die Geschwindigkeit des Wandels zunimmt, ist es wesentlich, auch neue fachliche Fähigkeiten hinzuzugewinnen. Nachdem der Bedarf ermittelt wurde, ist eine gezielte Vorplanung sinnvoll. Schnell ist ein Jahr vorüber und die fachliche Weiterbildung wurde „vergessen". Das gilt es zu vermeiden, denn vor allem Wissen bringt den Mitarbeiter und das Unternehmen weiter. Grundsätzlich sollte sich von dem Gedanken gelöst werden, dass Lernen neben der Arbeit erfolgen sollte. Lernen ist ein Teil der Arbeit. Die Ermöglichung von lebenslangem Lernen im Unternehmen ist wichtig für die Zufriedenheit der Mitarbeiter.

Praxistipp

Sprechen Sie gezielt mit dem Mitarbeiter, in welchem Fachbereich er neue Impulse benötigt oder auch möchte. Schicken Sie den Mitarbeiter nicht einfach ohne

Abstimmung auf ein Seminar oder eine Weiterbildung. Wenn es ihn nicht interessiert, wird die Kosten-Nutzen-Rechnung nicht aufgehen.

Coaching/Mentoring für Selbstreflexion

Der klassischen fachlichen Weiterbildung stehen das Coaching und Mentoring gegenüber. Hier geht es im Wesentlichen um die Persönlichkeitsentwicklung des Mitarbeiters. Ein Coach oder Mentor begleitet dabei den Mitarbeiter zeitlich begrenzt, um ihm situationsgerechte Fähigkeiten zu vermitteln und Ratschläge zu geben. Der Mitarbeiter wird sozusagen darauf vorbereitet, in Zukunft selbst die richtigen Lösungen zu finden und erfolgreich zu sein. Coaching wurde bisher in erster Linie für Führungskräfte angeboten. Eine Ausweitung auf die ganze Belegschaft kann sinnvoll sein. Wichtig ist, dass der Mitarbeiter wirklich Interesse daran hat, da die nicht zu unterschätzenden Kosten sonst nur wenig Mehrwert bringen. Ein Coaching oder Mentoring ist eine sehr schöne Form der Wertschätzung eines Mitarbeiters. Auch Führung ist ein wesentlicher Themeninhalt. Führung ist wie ein zweiter Beruf und sollte als Fähigkeit nicht einfach vorausgesetzt werden. Für die Vermittlung dieser Fähigkeit kann ein Coach oder Mentor wertvollen Input vermitteln.

Praxistipp

Suchen Sie einen passenden Coach oder Mentor, der dem Unternehmen mittel- bis langfristig zur Verfügung steht. Bei diesem Auswahlverfahren ist unbedingt auf die Deckungsgleichheit der Werte von Coach und Unternehmen zu achten. Ein klarer Plan für den zeitlichen Ablauf der verschiedenen Coachings ist von Vorteil, um Missverständnisse zu vermeiden. Zum Beispiel können sich unter www.mentorlane.de Mentees und Mentoren verknüpfen.

Persönlichkeitsseminare

Nicht immer wird ein Coaching benötigt, um die Persönlichkeitsentwicklung der Mitarbeiter zu fördern. Es können auch gezielte Einzelmaßnahmen in Form von internen oder externen Tagesseminaren sein. Beim Softwareunternehmen SAP haben zum Beispiel mehr als 7000 Mitarbeiter an einem zweitägigem Achtsamkeitsseminar teilgenommen. Dabei ging es um Meditationspraktiken und Selbstreflexion [7].

Praxistipp

Diese Persönlichkeitstrainings müssen nicht immer außer Haus stattfinden. Die Experten sind in der Regel auch für Inhouse-Seminare buchbar. Damit können im Normalfall die Kosten pro Person gesenkt werden. Vor allem ist es bequem für alle Beteiligten, wenn es Inhouse stattfindet und Reisezeiten und -kosten vermieden werden können.

3.4   Gesundheit

Fitnesstag

„Turne bis zur Urne", heißt ein witziges Sprichwort. Warum nicht auch mal im Unternehmen? Suchen Sie sich einen Tag oder mehrere Tage im Jahr heraus, an dem die Fitness im Vordergrund steht. Wer am Fitnesstag teilnimmt, muss nicht arbeiten, alle anderen dürfen Ihrer Schaffenskraft weiter am Arbeitsplatz nachgehen. Neben dem sportlichen kommt vor allem der gesellschaftliche Aspekt dazu. Gemeinsam Sport machen, in Wettkämpfen als Team zu agieren und dabei auch noch Spaß haben, kann sich sehr positiv auf das Betriebsklima auswirken.

> **Praxis-Tipp**
>
> Organisieren Sie den Fitnesstag am besten mit einem Fitnessstudio oder mit einem Verein zusammen. Damit stehen Räumlichkeiten oder Sportflächen zur Verfügung, die genutzt werden können. Zudem kann die Ausarbeitung des spaßigen Sportprogrammes eine geschulter Trainer übernehmen. Die Krankenkassen stellen hier zahlreiche Möglichkeiten zur Verfügung. Auch eine komplette Organisation durch die Krankenkasse ist möglich.

Dienstfahrrad

Eines der beliebtesten Mitarbeiter-Benefits ist mittlerweile das Dienstfahrrad. Ob als klassisches Fahrrad, E-Bike oder Pedelec, die Nachfrage ist enorm. Vor allem die steuerlichen Vorteile für den Arbeitnehmer sind reizvoll. Kurz gesagt wird der Arbeitgeber in der Regel Leasingnehmer des Bikes und überlässt es dem Arbeitnehmer. Zahlreiche Anbieter z. B. jobrad.org, bike-leasing.de, bieten die komplette Abwicklung für die Zurverfügungstellung des Dienstfahrrades an den Mitarbeiter.

> **Praxistipp**
>
> Arbeiten Sie mit einem Anbieter zusammen, der möglichst viele Schritte des Abwicklungsprozesses übernimmt. Der Überlassungsvertrag als Beispiel sollte unkompliziert und rechtssicher zur Verfügung gestellt werden. Einen besonderen Clou bietet die Überlassung eines Dienstfahrrads, wenn sie es zum ohnehin geschuldeten Arbeitslohn zur Verfügung stellen. Dann ist es nämlich komplett steuer- und sozialversicherungsfrei. Denken Sie bei der nächsten Gehaltserhöhung daran.

Obstkorb

Eine bereits bekannte und gleichwohl beliebte Möglichkeit, die gesunde Ernährung von Mitarbeitern zu unterstützen, ist der Obstkorb. Der gut gefüllte Obstkorb im Büro oder in der Werkhalle ist immer noch ein wertschätzender Benefit. Dieser Benefit wird keine Jubelstürme mehr auslösen, jedoch eine gewisse Freude, dass das Obst vom Mitarbeiter nicht gekauft und geschleppt werden muss. Zudem wird der Griff zum Apfel auf jeden Fall wahrscheinlicher, wenn ein gut gefüllter Obstkorb in greifbarer Nähe ist.

> **Praxistipp**
>
> Damit der Obstkorb auch immer schön gefüllt ist, sollten Sie mit dem lokalen Biohändler zusammenarbeiten. Dieser kann dann die regelmäßige Befüllung bzw. den Tausch der Körbe erledigen. Somit wird kein Mitarbeiter damit belastet.

Raucherentwöhnung

Mit dem Rauchen aufhören ist ein häufiger Vorsatz zum Jahreswechsel. Doch ganz so einfach ist es nicht, die Gewohnheit und körperliche Abhängigkeit von Nikotin zu ändern. Daher könnte professionelle Hilfe bei der Raucherentwöhnung helfen. Ob per Hypnose, Gesprächen oder mit Medikamenten ist nicht wichtig. Hauptsache, der Mitarbeiter ist danach rauchfrei und erfreut sich dadurch einer besseren Gesundheit. Denn die zahlreichen negativen Auswirkungen des Rauchens gehören damit der Vergangenheit an.

> **Praxistipp**
>
> Besprechen Sie die zahlreichen Möglichkeiten mit einer oder mehreren Krankenkassen und dem Betriebsarzt. Zahlreiche Krankenkassen haben zur Raucherentwöhnung bereits Angebote für die Versicherten. Vielleicht müssen diese Angebote lediglich ergänzt werden.

Personaltraining

Wenn der innere Schweinehund stärker ist als gedacht, fällt das geplante Sportprogramm schon mal schnell aus. Da kann ein persönliches Sporttraining unter Betreuung eines Fitnesstrainers der passende Benefit für Mitarbeiter sein. Ein Personaltraining ist individuell auf den Mitarbeiter zugeschnitten und in der Regel zu fest vereinbarten Terminen. Die Trainingsinhalte können je nach Wunsch ausgearbeitet werden. Ob Rückentraining, allgemeine Fitness oder ein Abspecktraining, alles ist möglich. Der Arbeitgeber kann unter bestimmten Voraussetzungen dem Mitarbeiter dieses Personaltraining bis zu 600 € im Jahr lohnsteuerfrei zur Verfügung stellen. Übrigens ist eine zeitliche Flexibilität besonders reizvoll. Der Sport könnte auch während dem Arbeitstag möglich sein. Wenn Mitarbeiter keine Freizeit nach Feierabend opfern müssen, könnte es besonders motivierend sein. Als Arbeitgeber liegen die Vorteile auf der Hand. Ein fitter Mitarbeiter ist zufriedener, ausgeglichener und leistungsfähiger.

> **Praxistipp**
>
> Zahlreiche Krankenkassen bieten Gesundheitskurse an. Diese könnten als Ergänzung vermittelt werden. Je nach Firmengröße könnte es sich sogar lohnen, einen Fitnesscoach anzustellen. Zu diesem besonderen Benefit muss nicht jeder Mitarbeiter Zugang haben. Vor allem Mitarbeiter in stressigen Positionen sollten hier bevorzugt werden.

Desk-Bike am Arbeitsplatz

Abstrampeln im Job bekommt eine ganz neue Bedeutung, wenn der Arbeitgeber ein Desk-Bike, also ein Fahrrad für den Schreibtisch, zur Verfügung stellt. Die „Walking Desks" sind in Amerika bereits seit längerer Zeit Standard. Seit kurzem sind nun die Desk-Bikes [8] immer häufiger in Büros zu finden. Die Deutsche Telekom bietet zahlreichen Mitarbeitern diese Möglichkeit der Bewegung am Schreibtisch an [4].

Praxistipp

Lassen Sie sich am besten von einem Experten für ergonomisches Arbeiten beraten. Das kann z. B. bei einer Arbeitsplatzanalyse im Rahmen des betrieblichen Gesundheitsmanagement erfolgen.

Betriebliche Krankenversicherung

Arbeitgeber haben die Möglichkeit, im Rahmen eines Kollektivvertrages eine betriebliche Krankenversicherung anzubieten. Diese Verträge können meist ab zehn Mitarbeitern abgeschlossen werden. Es handelt sich dabei um eine arbeitgeberfinanzierte Krankenversicherung, die Leistungen für die komplette Belegschaft zusagt. Die Leistungen umfassen in der Regel folgende Bereiche:

- Vorsorge,
- ambulante und stationäre Behandlung sowie
- Zahn- und Telemedizin.

Praxistipp

Die Beratung durch einen Spezialisten ist hier notwendig. Nehmen Sie jedoch nicht das erstbeste Angebot an. Vergleichen kann sich hier durchaus lohnen. Dieser Benefit eignet sich sehr gut als ein Baustein eines Gesamtkonzeptes zur betrieblichen Gesundheitsvorsorge.

Berufsunfähigkeitsversicherung ohne Prüfung von Vorerkrankungen

Nicht jeder Mitarbeiter kann sich eine Berufsunfähigkeitsversicherung leisten. Vor allem Geringverdiener mit Vorerkrankungen müssen für ihre Absicherung hohe Beiträge zahlen. Zahlreiche Versicherungen bieten Rahmenverträge für Unternehmen an, bei denen keine Gesundheitsprüfung der Vorerkrankungen erfolgt. Damit können sich Arbeitnehmer mitunter deutlich günstiger absichern. Eine Berufsunfähigkeitsversicherung ist, wie auch die betriebliche Altersvorsorge, ein gutes Instrument, Mitarbeiter langfristig im Unternehmen zu halten.

> **Praxistipp**
>
> Der Versicherungsmarkt ist komplex. Daher sollte eine unabhängige Beratung zu diesem Thema erfolgen. Lassen Sie sich zudem Zeit, bis wirklich alles passt. Die Belegschaft verlässt sich darauf, dass eine anständige Versicherung vom Arbeitgeber abgeschlossen wird.

Professionelle Hilfe in Krisenzeiten

Krisen gehören zum Leben dazu. Um persönliche Krisen heil zu überstehen, gibt es für die Mitarbeiter vom Arbeitgeber beauftragte Berater, die mit Rat und Tat zur Seite stehen. Als Beispiel bietet die Firma Randstad diese Leistung bei folgenden Themen an [9]:

- Sorgen durch Überschuldung,
- Sorgerechtsstreitigkeiten,
- Suchterkrankungen – darunter fallen auch Spielsucht, Tablettensucht etc.,
- Sorgen oder Angst aufgrund von Mobbing,
- Burnout oder
- sexuelle Diskriminierung.

> **Praxistipp**
>
> Diese Beratung sollte außerhalb des Unternehmens durch einen betriebsfremden Experten erfolgen. Hier ist absolute

Diskretion gefordert, um Mitarbeiter vor den Aussagen anderer Mitarbeiter zu schützen.

3.5 Familie

Windel-Abo

Kinder sind unsere Zukunft! Bis es soweit ist, müssen aber noch einige Windeln gewechselt werden. Das ist nicht nur Arbeit, sondern geht auch ganz schön ins Geld. Es ist gut möglich, dass sich daher eine frisch gebackene Mama oder Papa über ein Windel-Abo freuen würde. Dieses Windel-Abo wird im Rahmen der Sachbezugsgrenze von 50 € vom Unternehmen für den Mitarbeiter abgeschlossen. Über diesen pfiffigen Benefit wird sicher gesprochen werden.

Praxistipp

Auf der Internetseite www.windelgeld.de kann das Windel-Abo abgeschlossen werden. Am besten sollte die Lieferung direkt an die Adresse des Mitarbeiters geliefert werden. Das spart Zeit und Verwaltungsaufwand. Besprechen Sie vor der Buchung des Windel-Abos den tatsächlichen Bedarf. Die passende Größe ist dann doch nicht so unwichtig.

Schnuller-Prämie

Kinderwagen, Windeln, Babynahrung usw. kosten Geld und belasten das Familienbudget. Mit einer Schnuller-Prämie kann der Mitarbeiter finanziell unterstützt werden. Dabei handelt es sich um eine einmalige, freiwillige Prämie, die im ersten Monat nach der Geburt des Kindes über die Gehaltsabrechnung an den Mitarbeiter ausgezahlt wird. Die Höhe und Auszahlungsart sind frei wählbar. Eine Prämienhöhe könnte z. B. 250 € sein.

> **Praxistipp**
>
> In der Gehaltsabrechnung sollte „freiwillige Schnuller-Prämie" stehen. Das unterstützt den Wow-Effekt. Diese Prämie kann auch die üblichen Sachgeschenke zur Geburt an Mitarbeiter ersetzen. Damit kann hier etwas Verwaltungsaufwand eingespart werden.

Zuschuss zum Elterngeld

Väter und Mütter erhalten in Ihrer Elternzeit für einen bestimmten Zeitraum Elterngeld. Das Elterngeld in Höhe von 65 % vom Nettogehalt wird vom Staat gezahlt. Das Gehalt vom Arbeitgeber entfällt entsprechend. Diese Differenz kann als Benefit vom Unternehmen für die Familienkasse aufgefüllt werden. Das Unternehmen Vodafone als Beispiel, stockt die Differenz in Höhe von 35 % für maximal 4 Monate auf. Der Arbeitnehmer muss dafür keine Arbeitsleistung erbringen.

> **Praxistipp**
>
> Die Beantragung und Gestaltung des Elterngeldes und den dazugehörigen Zeiträumen kann mitunter komplex sein. Kombinieren Sie diesen Benefit am besten mit einer ergänzenden Elternzeit- und Elterngeldberatung durch die Personalabteilung. Das schafft ein gutes Gefühl für die Mitarbeiter, das richtige Modell zu wählen.

Betriebskindergarten

Der Betriebskindergarten ist leider nicht sonderlich weit verbreitet. Das könnte mit den enormen Kosten für das Unternehmen zusammenhängen. Insbesondere für Mitarbeiter, die ganztags arbeiten, kann ein Betriebskindergarten eine Menge Zeitersparnis und Flexibilität bringen. Vor allem auf das Konto der Mitarbeiterbindung zahlt dieser Benefit ein. Die Chancen auf eine gute Vereinbarkeit von Beruf und Familie kann damit deutlich erhöht werden, was ein wesentlicher Grund für den Verbleib oder Wechsel bei oder zu einem Unternehmen ist.

Praxistipp

Ein Betriebskindergarten kommt in der Regel nur für Unternehmen mit großer Mitarbeiteranzahl infrage. Für das Unternehmen stellt sich im Kern die Frage, ob der Aufwand und die Kosten aufgebracht werden sollen. Falls ja, sollte ein Betriebskindergarten langfristig angeboten und professionell aufgezogen werden. Nur wenn der Betriebskindergarten eine hohe Wertigkeit und ein gutes Gefühl bei den Eltern erzeugt, wird dieser durch die Belegschaft angenommen. Es kann durchaus sein, dass die Stadt, in dem das Unternehmen sitzt, sich beim Aufbau und Betrieb unterstützt. Man könnte sozusagen ein Gemeinschaftsprojekt zwischen Stadt und Unternehmen betreiben.

3.6   Freizeit und Spaß

Sabbatical

Eine geplante, finanziell abgesicherte Auszeit (Sabbatical) vom Arbeitsalltag ist für viele Angestellte eine schöne Vorstellung und wird von Arbeitgebern immer häufiger angeboten.

Ein Sabbatical, auch Sabbatjahr genannt, ist ein Berufsausstieg auf Zeit mit vielfältigen Möglichkeiten. Nach der Auszeit kann der Mitarbeiter auf die gleiche Position mit der gleichen Bezahlung zurückkehren. Diese jobfreie Zeit wird häufig für Familie, Hobby, Weiterbildung, Freizeit, ein persönliches Projekt oder einfach zur Erholung vom Alltagsstress genutzt. Je nachdem welche Bedürfnisse der Arbeitnehmer hat. Üblich ist eine Auszeit von drei bis zwölf Monaten. Ein häufig genutztes Modell ist das sogenannte

Teilzeitmodell. Der Mitarbeiter arbeitet eine bestimmte Zeit z. B. drei Jahre lang Vollzeit. In dieser Zeit erhält er nur einen Teil seines Gehalts z. B. zwei Drittel. Der angesparte Rest wird dann während des Sabbaticals ausgezahlt [10]. Neben einem vorherigen Gehaltsverzicht kann eine Auszeit auch mit dem Abbau von Überstunden und Urlaubstagen sowie unbezahlten Urlaubstagen erfolgen.

Ja, es ist für den Arbeitgeber organisatorisch aufwendig einen Mitarbeiter über mehrere Monate zu ersetzen. Doch die Mühe lohnt sich, denn nicht nur der Arbeitnehmer profitiert von einem Sabbatical, sondern auch der Arbeitgeber. Es ist sehr wahrscheinlich, dass ein Mitarbeiter nach seiner Auszeit frisch, motiviert und mit neuen Ideen an den Arbeitsplatz zurückkehrt. Im besten Fall bringt er neue Qualifikationen und Fähigkeiten mit, die er sich während der Auszeit angeeignet hat. Mitarbeiter, denen die Möglichkeit eines Sabbaticals gegeben wurde, sind zudem häufig besonders dankbar und fühlen sich mit dem Unternehmen verbunden. Auch neue Mitarbeiter können angelockt werden, denn das Angebot einer geplanten Auszeit spricht für einen attraktiven Arbeitgeber. Zudem können Vertretungsregelungen innerhalb des Unternehmens getestet werden.

Ein Sabbatical-Vertrag regelt die Rahmenbedingungen für die Auszeit. Dieser Vertrag ist eine Ergänzung zum Arbeitsvertrag und regelt unter anderem die Dauer, Sozialversicherung und Finanzierung der Auszeit. Der Vertrag regelt auch Eventualitäten wie Krankheit, Altersvorsorge während der Auszeit oder was mit dem angesparten Kapital bei vorzeitiger Kündigung passiert. Eine solche Vereinbarung ist für beide Seiten sinnvoll.

Wie lange die Auszeit möglich ist und wie die Rahmenbedingungen sind, ist von Unternehmen zu Unternehmen unterschiedlich. Die Mitarbeiter von McKinsey & Company können beispielsweise bis zu drei Monate Auszeit mit anteiliger Bezahlung ohne Angabe eines Grundes genießen [4].

Arbeitgeber sollten dem Thema geplante Auszeit wohlwollend gegenüberstehen. Denn immerhin wünschen sich 43 % aller Arbeitnehmer diese Möglichkeit von ihrem Arbeitgeber [11].

Praxistipp

Die Rahmenbedingungen für das Sabbatical sollten vom Arbeitgeber in groben Zügen bereits vorgegeben sein. Individuelle Anpassungen sind damit gut möglich. Vor allem im Hinblick darauf, dass nicht zu viele Arbeitnehmer auf einmal sich für ein paar Monate verabschieden und die Produktivität darunter leidet. Auch sollten die Rahmenbedingungen klar regeln, wer Anspruch auf ein Sabbatical hat und wie lange die Betriebszugehörigkeit dafür sein muss. Vor allem langjährige Mitarbeiter können damit wertgeschätzt werden. Ebenso muss klar sein, ob ein Mitarbeiter bei Kündigung oder dringend betrieblichen Erfordernissen die Auszeit überhaupt antreten darf bzw. vorzeitig beenden muss.

Urlaub anstatt Gehaltserhöhung

Bei einer Gehaltserhöhung wird in der Regel das Bruttogehalt in Geld erhöht. Anstatt das Bruttogehalt zu erhöhen, können Sie dem Mitarbeiter auch ein Wahlrecht auf mehr Urlaubstage einräumen. Ein gutes Beispiel hierfür ist die Deutsche Bahn, die Ihren Mitarbeitern ein Wahlrecht einräumte und diese zugunsten von mehr Freizeit entscheiden konnten [12]. Wie viel Urlaub sich aus der Gehaltserhöhung ergibt, lässt sich mit den üblichen Berechnungsschlüssel ermitteln. Vor allem Mitarbeiter, die nicht auf die Gehaltserhöhung angewiesen sind, können sich mit dem Tausch unkompliziert mehr Freizeittage ermöglichen. Von Vorteil könnte zudem sein, dass das Unternehmen weniger finanzielle Belastungen hat und im besten Fall auch noch von einem ausgeruhten Mitarbeiter profitiert.

> **Praxistipp**
>
> Prüfen Sie genau, ob sich das Unternehmen dauerhaft mehr Abwesenheit und den damit verbundenen Arbeitsausfall leisten kann. Auch sollte der Arbeitnehmer aufgeklärt werden, dass auch Nachteile entstehen können. Diese können vor allem dann entstehen, wenn das Gehalt als Berechnungsbasis für etwaige Sonderzahlungen wie Urlaubs- und Weihnachtsgeld zugrunde gelegt wird.

Anspruch auf unbezahlten Urlaub

Die meisten Mitarbeiter kennen den Moment, an dem kaum noch Urlaubstage zur Verfügung stehen und damit einen schönen Urlaub oder ein persönliches Projekt unmöglich macht. Da wären ein paar Tage unbezahlter Urlaub eine super Sache. Einen gesetzlichen Anspruch auf unbezahlten Urlaub gibt es jedoch nicht. Der Urlaubsanspruch wird über das Bundesurlaubsgesetz bzw. den Tarif- oder Arbeitsvertrag geregelt. Immer mehr Unternehmen bieten ihren Mitarbeitern jedoch die Möglichkeit, auch ohne Grund z. B. zehn Tage unbezahlten pro Kalenderjahr zu nehmen. Ein Grund ist dabei normalerweise nicht zu nennen. Klar ist, der Arbeitgeber verliert für den Zeitraum der unbezahlten Urlaubszeit die Produktivität seines Mitarbeiters. Für diesen Zeitraum muss jedoch kein Gehalt gezahlt werden. Da die Lebenssituation von Mensch zu Mensch unterschiedlich ist, kann mit diesem Benefit sicher ein schönes Signal gegeben werden, dass nicht nur Arbeit wichtig ist, sondern auch die eigenen Bedürfnisse. Und wenn man nun mal dafür mehr als z. B. 30 Urlaubstage benötigt, dann ist das halt so. Durch die Wahrnehmung des unbezahlten Urlaubes kann die Zufriedenheit des Arbeitnehmers sicher gesteigert werden.

Praxistipp

Die Gestaltung dieses Benefits ist recht flexibel. Eine pauschale Möglichkeit, also eine gewisse Anzahl an unbezahlten Arbeitstagen, die jeder Mitarbeiter beanspruchen kann, wäre eine Idee. Möglich wäre auch den Anspruch an eine gewisse Betriebszugehörigkeit zu knüpfen. Vor allem treue Mitarbeiter würden hier bevorzugt behandelt werden.

Zusatzurlaub und Freistellung für Ehrenamt

Unsere Gesellschaft lebt vom sozialen Miteinander. Gerade in schwierigen Zeiten, wie beispielsweise während der Corona-Pandemie, haben wir das schmerzlich zu spüren bekommen. Das soziale Miteinander ist für eine funktionierende Gesellschaft sehr wichtig. Es ist zu spüren, dass das Sozialglas vieler Menschen fast leer und soziales Engagement rückläufig ist. Im Jahr 2021 waren in Deutschland über 16 Mio. Menschen in einer ehrenamtlichen Tätigkeit aktiv [13]. Ob als Trainer einer Jugend-Fußballmannschaft, Mitglied beim Deutschen Roten Kreuz oder als Schülerlotse. Das sind nur wenige Beispiele. Diese Menschen engagieren sich für die Gesellschaft. Stellen Sie sich vor, keiner würde sich ehrenamtlich und sozial engagieren. Niemand würde die Vereine am Laufen halten. Es würde eine Vielfalt an Möglichkeiten für alle Altersklassen verloren gehen. Unsere sozial engagierten Bürger leisten einen wertvollen Beitrag für ein gutes Leben in Deutschland. Wir sollten alles dafür tun, diese Bereitschaft weiterhin aufrechtzuerhalten.

Die meist intrinsische Motivation für soziales Engagement der Mitarbeiter, könnten Arbeitgeber weiter fördern und ein Stück weit auch belohnen. Eine wertschätzende Möglichkeit ist ein festgelegter Zusatzurlaub

bei regelmäßiger Ausübung eines Ehrenamtes. Der fest-
gelegte Zusatzurlaub könnte z. B. zwei Tage pro Jahr sein.
An welche Bedingungen Sie den Zusatzurlaub knüpfen, ist
Ihnen überlassen. Seien Sie kreativ und großzügig. Denkbar ist auch die einmalige Gewährung von Zusatzurlaub
bei einmaligem sozialen Engagement. Das britische Unternehmen The Body Shop gewährt seinen Mitarbeitern fünf
Tage Zusatzurlaub pro Jahr für soziales Engagement [14].

Der Zusatzurlaub muss auch nicht unbedingt für das
regelmäßige Ehrenamt gewährt werden. Geben Sie den
Mitarbeitern doch auch für Projekte wie z. B. Hoch-
wasserhilfe, Auslandshilfe oder Obdachlosenbetreuung
den ein oder anderen Tag Sonderurlaub. Eine unbezahlte
Freistellungsmöglichkeit ist eine sehr schöne Ergänzung
dazu. Damit kann jegliches soziales Engagement des Mitarbeiters ohne Zeitdruck wahrgenommen werden.

WIN-WIN-WIN-WIN-Situationen gibt es nicht allzu
oft. Dieser Mitarbeiter-Benefit hat jedoch das Zeug dazu.
Der erste Gewinner ist der Mitarbeiter, der mit mehr
Urlaub auch mehr Freizeit erhält. Der zweite Gewinner
ist das Unternehmen. Mit der Förderung von sozialem
Engagement wird die Arbeitgeberattraktivität und Mitarbeiterbindung verbessert. Gewinner Nummer drei sind
die Vereine und Organisationen, die dringend auf aktive
Helfer angewiesen sind. Mit diesem Urlaub ist mehr Zeit
für die soziale Tätigkeit z. B. im Verein vorhanden. Zu
guter Letzt ist die Gesellschaft ein weiterer Gewinner.
Soziales Engagement wird durch gelebte Wertschätzung
attraktiver und mehr Menschen könnten sich dazu
bewegt fühlen, ihren gesellschaftlichen Beitrag außerhalb
der Arbeit zu leisten bzw. ihre bestehende ehrenamtliche
Tätigkeit weiter auszuführen.

Um diese Zusatzleistung in Erinnerung der Belegschaft
zu rufen, könnten Sie im Mitarbeiter-Newsletter oder
auch auf der Betriebsversammlung auf die Gesamtzahl der

gewährten zusätzlichen Urlaubstage eingehen und hervor-
heben. Geben Sie für eine leichtere Kommunikation
diesem Zusatzurlaub einen Namen. Beispiele könnten
sein: Social-Days, Thanks-Days, Urlaubs-Plus-Tage.

> Mitarbeiter verlassen sozial geführte Unternehmen eher
> selten.

Neben Sonderurlaub oder Freistellung für Mitarbeiter
können Sie als Unternehmen soziales Engagement auch
noch anders fördern. Ob mit Geld- oder Materialspenden,
Rabattaktionen oder Förderung von benachteiligten
Menschen. Es gibt unzählige Möglichkeiten sich zu
engagieren. Geben Sie als Unternehmen etwas zurück. Die
Unterstützung der Gesellschaft geht weit über das Zahlen
von Steuern hinaus. Machen Sie es zu Ihrer Aufgabe.
Erarbeiten Sie mit Ihren Mitarbeitern eine Strategie und
setzen Sie diese Schritt für Schritt um.

Einer Vorstellung, dass es soziales Engagement in der
Zukunft nicht mehr so ausgeprägt geben wird wie bisher,
sollte der Vorstellung weichen, dass zukünftig alle Unternehmen ihren Beitrag für soziale Angelegenheiten leisten.

Praxistipp

Versuchen Sie dem Mitarbeiter ehrlich zu vermitteln, dass
dieses Mitarbeiter-Benefit eine Wertschätzung für seine
sozialen Aktivitäten nach Feierabend ist. Halten Sie die
Hürde für die Gewährung des Zusatzurlaubs daher eher
gering. Eine Mail oder ein einfaches Formular, in dem der
Mitarbeiter mit seiner Unterschrift bestätigt, dass er eine
oder mehrere ehrenamtliche Tätigkeiten ausführt, sollte
ausreichen. Eine formlose Bestätigung des Vereins ist auch
denkbar. Vorher sollten Sie für sich definieren, wie Ihr
Unternehmen soziales Engagement für die Gewährung des
Zusatzurlaubs definiert.

Kostenfreie Bücher

Die Redewendung „Lesen bildet" ist jedem von uns bestens bekannt. Doch mal Hand aufs Herz. Wie viel liest jeder Einzelne von uns wirklich? Der eine oder andere wird sich sicher in die Kategorie Leseratte einordnen. Doch wenn man die reine Lesezeit mit der Zeit vergleicht, die wir mit Social-Media-Aktivitäten und Fernsehen verbringen, relativiert sich diese Einordnung oftmals.

Die Förderung des Lesens ist allerdings äußerst wertvoll. Hierzu folgende interessante Fakten [15]:

- 6 min lesen am Tag reduziert das Stresslevel um bis zu 68 %;
- tägliches Vorlesen steigert die Fantasie von Kindern um bis zu 41 %
- Lesen regt die Serotonin-Produktion des Körpers an und macht glücklich;
- 30 min lesen am Tag machen es um bis zu 27 % einfacher, ein Gespräch mit fremden Menschen zu beginnen;
- 30 min lesen am Tag verlängern das Leben um bis zu 23 Monate
- Lesen macht nachweislich intelligenter und erhöht das faktenbasierte Wissen um bis zu 50 %;
- das Lesen von mindestens sieben Büchern pro Jahr, erhöht die Chance, Millionär zu werden um bis zu 122 %.

Stellen Sie sich vor, Ihr Arbeitgeber versorgt Sie regelmäßig mit dem Lesestoff, der Sie interessiert. Und das auch noch kostenfrei. Aller Voraussicht nach würde dies Ihre Lesebereitschaft erhöhen. Es wäre daher ein außergewöhnliches Mitarbeiter-Benefit mit vielen Vorteilen. Als Vorteile könnte man die oben genannten Fakten anbringen. Aus Sicht eines Unternehmens gibt es darüber hinaus aber noch weitere Vorteile. Hierbei sind vor allem die Kosten zu nennen. Ein gutes Buch ist im Vergleich zu vielen anderen Mitarbeiter-Benefits günstig zu haben. Zudem fördern Sie im Unternehmen den Dialog über die Buchinhalte. Diesen Dialog kann man in Workshops und Mitarbeitergesprächen weiter fördern. Interessante Sichtweisen der Mitarbeiter können dem Unternehmen mit etwas Glück hilfreich sein.

Dazu ein Beispiel:

Sie geben das Buch „Café am Rande der Welt" an die Belegschaft aus. In diesem Buch geht es vor allem um den Zweck der Existenz, den jeder Mensch suchen und finden sollte. Ein Mitarbeiter in der Finanzbuchhaltung, der seinen Zweck der Existenz nicht im Jonglieren von Zahlen, sondern im Helfen von Menschen sieht, wird über kurz oder lang etwas an seiner Situation ändern. Als Unternehmen kann man dem Mitarbeiter helfen seinen Zweck im Unternehmen zu finden. Das schafft Mitarbeiterbindung und sicher auch bessere Arbeitsergebnisse. In diesem Beispiel wäre ein Positionswechsel im Unternehmen mit direktem Kundenkontakt denkbar. Der Anstoß für diese positive Veränderung dazu kommt dabei aus den Inhalten des Buches.

Wichtig

Beispielauswahl von Büchern, die Sie als Mitarbeiter-Benefit kostenfrei gewähren könnten:

- Café am Rande der Welt (ISBN: 978-3423209694)
- Big Five for Live (ISBN: 978-3423345286)
- Träume wagen (ISBN: 978-3-424-20154-3)
- Gelassenheit beginnt im Kopf (ISBN: 978-3-426-87282-6)
- Das Leben gestalten mit den Big Five for Live (ISBN: 978-3-423-34926-0)
- Die große Macht der Kleinigkeiten (ISBN: 978-3-903-845206)

- Der Buddha hatte Zeit (ISBN: 978-3-453-70091-8)
- Entwickle deine Stärken (ISBN: 978-3-86881-529-0)
- Happy Money (ISBN: 978-3548062433)

u. v. m.

Praxistipp

Ein wichtiger Erfolgsbaustein dieses Mitarbeiter-Benefits ist die Planung. Beispielsweise können Sie einen Dreijahresplan erstellen, bei dem Sie halbjährlich jedem Mitarbeiter ein Buch zur Verfügung stellen. Wählen Sie in einem Mitarbeiter-Workshop die Buchtitel aus und legen deren Ausgabezeitpunkte fest. Um positive Wirkungen zu erzielen, sollte diese Zusatzleistung dauerhaft gewährt werden. Mitarbeiter, die vorab diesen Benefit ablehnen, sollten auf keinen Fall dazu gezwungen werden, Bücher anzunehmen. Vielmehr könnten Sie die nicht abgefragten Bücher der Mitarbeiter für einen guten Zweck spenden und öffentlichen Bibliotheken zur Verfügung stellen. Für diesen Benefit kann es sehr hilfreich sein, mit einer örtlichen Buchhandlung zusammenzuarbeiten, die die Logistik der Verteilung übernimmt.

Sonderurlaub besondere Ereignisse

Der Sonderurlaub für besondere Ereignisse, kann als Geschenk des Unternehmens an den Mitarbeiter gesehen werden. Die Gewährung geht über den üblichen Jahresurlaub von z. B. 30 Tagen hinaus.

Beispiele für Sonderurlaub:

- Hochzeit,
- Tod eines Angehörigen,
- Geburtstag des Mitarbeiters,
- Ehrenamt,
- Kinderbetreuung,
- Arztbesuch,

- Erkrankung von Angehörigen oder
- Umzug.

Eine genannte Möglichkeit für Sonderurlaub ist der Geburtstag des Mitarbeiters. Viele Arbeitnehmer nehmen sich gerne an ihrem Geburtstag einen Tag Urlaub oder gehen mindestens früher von der Arbeit nach Hause. Mit einem Tag Sonderurlaub am Geburtstag des Arbeitnehmers kann man ein besonderes Geschenk machen. Da die Familie und der Freundeskreis diesen Tag Sonderurlaub mitbekommen, verstärkt sich der positive Effekt und die damit verbundene Arbeitgeberattraktivität. Zudem entfällt der Aufwand für ein anderes Geburtstagsgeschenk für den Mitarbeiter, was oftmals in Unternehmen geschenkt wird. Als Beispiel haben die Mitarbeiter des Webhosters Rackspace an ihrem Ehrentag frei [5].

Geben Sie ihren Angestellten doch auch bei Geburt ihres Kindes einfach einen oder mehrere Tage Sonderurlaub. Die erfolgreiche Umstellung des Familienlebens nach der Geburt ist wichtig und nimmt Zeit in Anspruch. Die frisch gebackenen Eltern freuen sich sicher über diese zusätzlichen Urlaubstage. Für alle die gegen noch mehr Urlaub sind, sei gesagt, dass eine Frau in Deutschland durchschnittlich 1,53 Kinder in ihrem Leben bekommt [16]. Damit relativiert sich dieser oftmals einmalige Sonderurlaub wieder. Vergessen wir nicht, dass alle Mütter und Väter einen wichtigen gesellschaftlichen Beitrag leisten. Die Kinder von heute, besetzen hoffentlich irgendwann die Ausbildungsstellen von morgen.

Praxistipp

Der Sonderurlaub sollte möglichst automatisch gewährt werden, sofern der Personalabteilung die notwendigen Informationen zur Verfügung stehen. Ansonsten ist hier die Beantragung vonseiten des Mitarbeiters notwendig.

Kommunizieren Sie die Gewährung von Sonderurlaub vor allem bei Neueinstellungen. Neue Mitarbeiter laufen sonst Gefahr, aufgrund von Unwissenheit den Sonderurlaub nicht in Anspruch zu nehmen. Anstatt eines zusätzlichen Sonderurlaubs können Sie dem Mitarbeiter einen Anspruch auf unbezahlte Freistellung einräumen. Damit kann er seine Anzahl an Urlaubstagen deutlich vergrößern. Er erhält für diese Zeit jedoch kein Entgelt.

Urlaubshaus für Mitarbeiter/firmeneigenes Ferienhaus

Urlaub in der Ferne machen, ist nicht für jeden Arbeitnehmer möglich. Bieten Sie als Unternehmen der Belegschaft eine Möglichkeit, die auf jeden Fall die Arbeitgeber-Attraktivität erhöht: Ein firmeneigenes Ferienhaus. Der Brötchengeber kauft eine Wohnung oder ein Haus und überlässt diese den Mitarbeitern zum Urlaub machen. Natürlich zu Sonderkonditionen. Ein Kauf der Immobilie ist nicht einmal nötig, eine längerfristige Anmietung durch das Unternehmen tut es auch.

Praxistipp

Die Organisation und Pflege der Ferienwohnung können über eine Hausverwaltung ausgelagert werden. Man könnte z. B. besondere Leistungen, Jubiläen oder Verbesserungsvorschläge mit einer Woche Ferienhaus prämieren. Vor dem Erwerb der Immobilie sollte unbedingt ein Steuerberater hinzugezogen werden.

Waschservice für Mitarbeiter

Diesen Service werden vor allem jene Mitarbeiter schätzen, deren Zeit ohnehin knapp ist und bei denen Wäsche waschen und bügeln nicht unbedingt zu bevorzugten Freizeitbeschäftigung gehört. Üblicherweise haben Städte mindestens eine Wäscherei. Über einen Rahmenvertrag lassen sich der Service und Preis gut festlegen. Jeder Mitarbeiter kann anschließend auf die Leistungen und Preise dieses Vertrages zurückgreifen. Zahlreiche Mitarbeiter können mit überschaubaren Kosten einiges an Freizeit dazugewinnen.

Praxistipp

Die Kleidung könnte z. B. an zwei Tagen in der Woche abgeholt und gewaschen in das Unternehmen gebracht werden. Die Abrechnung der monatlichen Kosten kann unkompliziert als Abzug vom Nettolohn bei der Gehaltsabrechnung erfolgen.

3.7   Fazit

44 Mitarbeiter-Benefits (Abb. 3.1) mit Praxistipp wurden kurz beschrieben. Doch diese Aufzählung lässt sich noch deutlich ausweiten. Auch die Bewertung und Umsetzung der einzelnen Benefits ist von Person zu Person unterschied-

Arbeits-Infrastruktur
- ✓ Kostenübernahme der Home-Office Ausstattung
- ✓ Überlassung von Betriebsausstattung
- ✓ Mitarbeiter-Events
- ✓ Umzugshilfe
- ✓ Napping-Rooms
- ✓ Betriebsfeiern
- ✓ Hund am Arbeitsplatz
- ✓ Tangible-Gifts
- ✓ Kostenfreie Parkplätze
- ✓ Nachhaltigkeit
- ✓ Vier-Tage-Woche

Persönlichkeit / Karriere
- ✓ Karriere-Coach
- ✓ Fachliche Weiterbildung
- ✓ Coaching/Mentoring für Selbstreflexion
- ✓ Persönlichkeitsseminare

Geld
- ✓ Internet-Zuschuss
- ✓ Erholungsbeihilfe
- ✓ Mitarbeiter-Rabatt
- ✓ Betriebliche Altersvorsorge
- ✓ Bezahlte Pflegezeit
- ✓ Firmenwagen
- ✓ Urlaubs- und Weihnachtsgeld

Mitarbeiter-Benefits

Gesundheit
- ✓ Fitness-Tag
- ✓ Dienstfahrrad
- ✓ Obstkorb
- ✓ Raucher-Entwöhnung
- ✓ Personal-Training
- ✓ Desk-Bike am Arbeitsplatz
- ✓ Betriebliche Krankenversicherung
- ✓ Berufsunfähigkeitsversicherung
- ✓ Professionelle Hilfe in Krisenzeiten

Familie
- ✓ Windel-Abo
- ✓ Schnuller-Prämie
- ✓ Zuschuss zum Elterngeld
- ✓ Zuschuss zu Kinderbetreuungskosten
- ✓ Betriebskindergarten

Feizeit & Spaß
- ✓ Urlaub anstatt Gehaltserhöhung
- ✓ Anspruch auf unbezahlten Urlaub
- ✓ Zusatzurlaub für Ehrenamt
- ✓ Kostenfreie Bücher
- ✓ Sonderurlaub besondere Ereignisse
- ✓ Urlaubshaus für Mitarbeiter
- ✓ Waschservice für Mitarbeiter
- ✓ Sabbatical

Franz Brückner

Abb. 3.1   Übersicht aufgezählter Mitarbeiter-Benefits

lich. Die formulierten Mitarbeitervorteile sollen eine Art Impulsgeber sein, was alles möglich ist. Die Ausführung der einzelnen Benefits, z. B. Staffelung nach Betriebszugehörigkeit, Erfolge oder Position kann von Unternehmen zu Unternehmen unterschiedlich gehandhabt werden. Manch ein Benefit ist bekannt und wirkt vertraut. Ein anderes ist dann schon neu und gewöhnungsbedürftig. Die Vorstellung, welche Benefits bei steigendem Personalmangel noch alles entwickelt und angeboten werden, ist nicht so leicht. **Der Kreativität scheinen hier keine Grenzen gesetzt zu sein.**

Hier noch einige, nicht im Buch formulierte Incentives, als weitere Inspirationsquelle oder einfach für Ihren „Benefit-Speicher":

- Jobticket,
- Betriebsausflüge,
- Frisör und Barbier am Arbeitsplatz,
- betriebliche Lebensversicherung,
- Pkw-Leasing oder -Miete zu Sonderkonditionen,
- Betriebsarzt,
- Mitarbeiter-werben-Mitarbeiter-Prämie,
- Essenszuschuss/vergünstigtes Essen in Kantine,
- kostenfreie Getränke,
- Unterhaltungs-Abos,
- Mitarbeiter-Aktien oder -Beteiligung,
- Betriebspsychologe,
- kostenfreie Rechts- und Steuerberatung,
- Feel-Good-Manager,
- Geschenke zu besonderen Anlässen,
- Lebensarbeitszeitkonto,
- Ernährungsberatung,
- Fahrsicherheitstraining,
- bezahlte Schutzimpfungen,
- Erste-Hilfe-Kurse,

- mobiler Massage Service,
- Finanzberatung,
- kostenfreier Fahrradverleih,
- Vertrags-Check durch Honorarberater,
- integriertes Fitnessstudio und -kurse,
- Mitarbeiterwohnungen
- u. v. m.

Literatur

1. www.corporate-benefits.de.
2. Wolter, U. (2021). Weihnachtsgeld: Wer bekommt es und wieviel? https://www.personalwirtschaft.de/news/verguetung/jeder-zweite-beschaeftigte-in-deutschland-bekommt-weihnachtsgeld-95792/. Zugegriffen: 13. Juni 2022.
3. Klotsche, R. (2019). Verkauf einer Lebensversicherung meist besser als kündigen. https://www.focus.de/finanzen/experten/lebensversicherung-kuendigen-das-muessen-sie-beachten_id_8623341.html. Zugegriffen: 25. Mai 2022.
4. Cynthia. (2020). Mitarbeiter binden: 11 außergewöhnliche Ideen für Corporate Benefits, https://goodworkvibes.de/uncategorized/11-aussergewoehnliche-benefit-ideen/. Zugegriffen: 17. Jan. 2022.
5. Unbekannt. (2021). 10 außergewöhnliche Zusatzleistungen für Mitarbeiter. https://www.glassdoor.de/blog/10-ausergewohnliche-zusatzleistungen-fur-mitarbeiter/. Zugegriffen: 17. Jan. 2022
6. Wilke, A. (2022). 5 Wege Mitarbeiter typgerecht zu motivieren. https://www.impulse.de/management/personalfuehrung/wertschaetzung/7606844.html. Zugegriffen: 15. Jan. 2022.
7. Cynthia. (2020). Mitarbeiter binden: 11 außergewöhnliche Ideen für Corporate Benefits, https://goodworkvibes.de/uncategorized/11-aussergewoehnliche-benefit-ideen/. Zugegriffen: 7. Feb. 2022.

8. Hofmann, M. (2018) Am Schreibtisch auf Radtour. https://www.manager-magazin.de/lifestyle/fitness/deskbike-wie-es-ist-am-schreibtisch-zu-radeln-a-1218705.html. Zugegriffen: 17. Jan. 2022.

9. Unbekannt. (Unbekannt). Ihre Gesundheit liegt uns am Herzen. https://www.randstad.de/bewerber/attraktiver-arbeitgeber/arbeitsschutz-gesundheitsvorsorge/?gclid=EAIaIQobChMIv6Or44XX9gIV6AUGAB1gNQsOEAAYASAAEgJapPD_BwE. Zugegriffen: 21. März 2022.

10. Oder, A. (2019). *Sabbatical – Verwirklichen Sie Ihren Traum vom Ausstieg auf Zeit*. Audible Studios.

11. Unbekannt. (Unbekannt). Größte deutsche Sabbatical-Studie. https://www.wimdu.de/blog/groesste-deutsche-sabbatical-studie. Zugegriffen: 27. Apr. 2022.

12. Straubhaar, T. (2018). Hier macht die Deutsche Bahn einmal alles richtig. https://www.welt.de/wirtschaft/article185696420/Arbeitsvertraege-Beschaeftigte-sollten-zwischen-Geld-und-Freizeit-waehlen-koennen.html. Zugegriffen: 11. Jan. 2022.

13. Pawlik, V. (2022). https://de.statista.com/statistik/daten/studie/173632/umfrage/verbreitung-ehrenamtlicher-arbeit/. Zugegriffen: 17. Jan. 2022 & 16. Sept. 2022.

14. Unbekannt. (2021). https://www.glassdoor.de/blog/10-ausergewohnliche-zusatzleistungen-fur-mitarbeiter/. Zugegriffen: 17. Jan. 2022.

15. Hugendubel Buchhandel Würzburg, Informationsblätter. Zugegriffen: 27. Aug. 2021.

16. Unbekannt. (Unbekannt). https://www.destatis.de/DE/Themen/Gesellschaft-Umwelt/Bevoelkerung/Geburten/_inhalt.html. Zugegriffen: 21. März 2022.

4

Ausblick und Fazit

Die Auswahl an Incentives und auch die Ausführungen
zum Employer Branding in diesem Buch hat natürlich
keinen Anspruch auf Vollständigkeit der vielen Möglichkeiten der Unternehmen. Neben bekannten gibt es eben
auch weitere, bisher unbekanntere Benefits, die eher in die
Rubrik „Think outside the Box" einzuordnen sind. Und
genau diese zum Teil sehr kreativen, individuellen Ideen
sind ein Schlüssel für erfolgreiche Benefits. Es gilt alte
Denkmuster aufzubrechen und Jobs attraktiver zu denken.

Hohe materielle Standards sowie familienfreundliche
Rahmenbedingungen werden vor allem von den jüngeren
Generationen erwartet. Auch ein gewisser Komfort wird
auf der Arbeit erwartet, wenn man doch schon seinen
halben Tag dort verbringt. Dennoch sind Benefits, die in
die Rubrik Geld einzuordnen sind, immer noch attraktiv.
Geld oder Geldwert ist keinesfalls aus der Mode gefallen.
Sie werden oftmals besonders anziehend, wenn die

F. Brückner, *Erfolgsfaktor Mitarbeiter-Benefits,* Fit for Future,
https://doi.org/10.1007/978-3-658-39631-2_4

gegebenen steuerlichen- und sozialversicherungsrecht-
lichen Vorteile genutzt werden. Unternehmen und Mitarbeiter nutzen damit optimal die Möglichkeiten, die
der Gesetzgeber gibt. Die Mühe lohnt sich und wird sich
zukünftig weiter lohnen, in diesem Bereich das optimale
für die Mitarbeiter und Unternehmen zu gestalten.

Die wenigsten Beschäftigten werden bei Unternehmen
arbeiten wollen, die Nachhaltigkeit in ihrem täglichen Tun
nicht berücksichtigen. Nachhaltigkeit vor allem in Bezug
auf vorhandene Ressourcen wie Rohstoffe, Energie und
menschlicher Arbeitskraft. Auch Benefits müssen diese
Ansprüche erfüllen. Mit all unserem Wissen und den
Möglichkeiten sollte nachhaltiges Wirtschaften auch möglich sein.

Der Wert der Mitarbeiter-Benefits hängt immer mehr
von der Charakteristik des Individuums eines jeden Mitarbeiters ab. D. h. die Auswahl der Benefits soll aus den
Bedürfnissen der Belegschaft heraus ergehen. Der Wunsch
nach mehr Flexibilität und Freizeit ist vor allem ab der
Generation Y besonders ausgeprägt. Das Motto lautet:
Arbeitszeit ist Lebenszeit. Die ersten Unternehmen stellen
bereits Feel-Good- und Benefit-Manager ein, um auf die
Bedürfnisse der Belegschaft optimal einzugehen. Das
alles hört sich irgendwie nach Sozialromantik an, doch
es ist Realität und auch nicht mehr zurückzudrehen. Zu
erkennen welche Chancen für alle Beteiligten dabei ent-
halten sind, wird richtungsweisend sein.

Wer ein attraktiver Arbeitgeber sein will, kommt nicht
an den passenden Benefits für die Belegschaft vorbei.
Mitarbeiter-Benefits können jedoch nur ein Teil eines
attraktiven Arbeitgebers sein. Benefits allein machen
keinen Arbeitgeber attraktiv – dafür ist noch viel mehr
notwendig. Es besteht jedoch mit der richtigen Auswahl an Benefits die Möglichkeit, auf die weiter steigende
Individualisierung der arbeitenden Personen einzugehen

und den Menschen weiter in den Fokus rücken. Damit verbunden ist die Aufmerksamkeit für die Bedürfnisse eines Mitarbeiters. Man könnte es auch Wertschätzung nennen, oder auch die Basis einer Führungskultur, die den Menschen in den Mittelpunkt stellt. Dazu gehört auch die Unternehmenskultur, sozusagen der Charakter eines Unternehmens. Wesentliche Züge eines guten Unternehmenscharakters sind die gelebten Werte. Die Unternehmenskultur ist also auch eine Wertekultur. Werte die eine Orientierung und Richtung geben. Arbeitnehmer verlassen immer häufiger ihren Arbeitgeber, wenn das Wertebild im Unternehmen nicht mit ihren persönlichen Werten übereinstimmt.

Erfolgreiche Arbeitgeber werden es in der Zukunft schaffen, eine positive emotionale Bindung und großes Vertrauen zwischen Arbeitnehmer und Arbeitgeber aufzubauen. Emotionale Bindung und Vertrauen ist ein Garant für gute Arbeit, Innovation und Treue. Benefits können einen Kulturwandel und die emotionale Bindung und gegenseitiges Vertrauen in Unternehmen unterstützen. Mit der richtigen Auswahl an Benefits besteht also die Möglichkeit eine positive emotionale Ebene zum Mitarbeiter herzustellen. Vor allem, wenn der Benefit-Bedarf vom Mitarbeiter abgefragt wird und anschließend die passenden Benefits angeboten werden. Allein schon die Gespräche über den Bedarf und das Feedback über die angebotenen Leistungen sind wertvoll. Es wird in Zukunft im Hinblick auf den demografischen Wandel und dem Fachkräftemangel mehr um den Menschen in der Arbeitswelt gehen müssen. Diese beiden Probleme zwingen die Unternehmen quasi dazu. Experten reden bereits von Arbeiterlosigkeit, anstatt von Arbeitslosigkeit.

Benefits sollen keine Anhäufung von Vorteilen sein, die pauschal der gesamten Belegschaft aufgezwungen werden. Ganz im Gegenteil. Sie sollen freiwillig in Anspruch genommen werden und dem Mitarbeiter einen echten Nutzen bringen. Dann werden Benefits auch die nötige Wertschätzung durch den Mitarbeiter erfahren und ihre Wirkung zeigen. Die Arbeitswelt wird sich dadurch sicher nicht verschlechtern.

Durch digitale Lösungen wird es zunehmend einfacher dieses Thema anzugehen. Mitarbeiter-Benefits bleiben ein Erfolgsfaktor im Hinblick auf eine hohe Arbeitgeberattraktivität. Für Mitarbeiter, die ohnehin ein etwas ruhigeres Verhältnis zur Aufgabenstellung haben, werden womöglich leider auch keine Benefits helfen. Aus diesem Grund für die gesamte Belegschaft keine Benefits anzubieten, ist jedoch auch keine Lösung. Damit werden lediglich die motivierten und für das Unternehmen überlebenswichtigen Mitarbeiter demotiviert.

Apropos Motivation. Mitarbeiter-Benefits sind nicht da um Mitarbeiter zu motivieren. Diese Motivation sollte aus Überzeugung des Arbeitnehmers für seine Arbeit und sein Unternehmen kommen. Benefits können jedoch Demotivation reduzieren oder im besten Fall verhindern. Der technische Fortschritt rund um künstliche Intelligenz und Robotics wird sich weiterentwickeln. Doch können diese Technologien den Menschen komplett ersetzen? Es bleibt abzuwarten. Der Mensch bleibt mit all seinen zum Teil einmaligen Fähigkeiten wie z. B. Empathie, Liebe und Sozialverhalten auch in einer veränderten Arbeitswelt wichtig. Technologische Entwicklungen sollten wir bestmöglich nutzen, um die Arbeitswelt positiv zu verändern und weiterzuentwickeln. Das menschliche Individuum bleibt wichtig und mit Mitarbeiter-Benefits hat man sehr gute Möglichkeiten auf diese Bedürfnisse eines jeden Menschen einzugehen.

Eine zentrale Aufgabe der Unternehmen wird es daher sein, moderne Arbeitsstrukturen zu schaffen. Vor allem das Interesse der Generationen Y und Z ist es, ihre Lebenszeit sinnvoll im Unternehmen einbringen zu können. Wer Leistung will muss Sinn bieten. Benefits können hilfreich sein, Strukturen und Gegebenheiten im Unternehmen zu verändern. Die Organisationsstruktur mit flachen Hierarchien, wird wohl weiter die für Mitarbeiter attraktivste Form des Arbeitens sein. Einige der oben ausgeführten Benefits spiegeln diese Art des Arbeitens wider. Die Unternehmen sollten weniger das Risiko und vielmehr die Chancen einer veränderten Arbeitswelt sehen. Erfolgreiche Unternehmen sind meist auch attraktive Arbeitgeber. Denn nur so kommen und bleiben gute Mitarbeiter, die verantwortlich für Innovation und Erfolg sind.

In Zukunft werden immer mehr Menschen ihren Job infrage stellen. Das Warum rückt in den Vordergrund. D. h. es zählt weniger was man tut, sondern vielmehr warum man es tut. Außerdem wird vor allem ab der Generation Y genau geprüft, was andere Unternehmen bieten und was Unternehmen bereit sind für die dort arbeitenden Menschen zu geben. Nicht nur Geld, sondern auch Freizeit, Flexibilität und sinnvolle Arbeit.

Benefits sollten auch in Zukunft nicht ohne Maß und Ziel angeboten werden, nur um die besten Fachkräfte anzulocken oder zu halten. Mitarbeiter sollen nicht wegen den Benefits in das Unternehmen kommen oder bleiben, sondern weil sie sich mit dem Unternehmen und ihrem Aufgabengebiet identifizieren.

Auch müssen es sich Unternehmen leisten können. Für die meisten Benefits sind Investitionen notwendig. Dieses Kapital sollte in Form von Gewinnen aufgrund eines funktionierendem Geschäftsmodell vorhanden sein. Ist dies nicht der Fall, könnten Investitionen in anderen Bereichen, die Arbeitsplätze sichern, sinnvoller sein. Benefits sind zwar wichtig, jedoch ist Arbeitsplatzsicherheit für die meisten Mitarbeiter wichtiger.

Jeder Mitarbeitervorteil stellt seine eigene Wertschätzung zu den Mitarbeitern dar. Mit dieser im Idealfall vom Mitarbeiter gespürten Wertschätzung, besteht erst die Möglichkeit von steigender Produktivität und geringerer Fluktuation. Nichts zu tun, ist keine Alternative!

Wo soll das alles hinführen, werden sich einige Leser sicher denken? Es wird zu einer immer besseren Arbeitswelt führen. In der es normal ist, vom Arbeitgeber Leistungen zum Beispiel für die Gesundheitsvorsorge zu erhalten oder einfach mehr Freizeit für die Familie. Doch nicht nur die Arbeitgeber müssen sich den Aufgaben einer sich weiter wandelnden und schnelleren Arbeitswelt stellen. Auch allen Arbeitnehmern muss klar sein, dass sie Gas geben und Leistung bringen müssen. Persönliche und berufliche Weiterentwicklung, verlassen der Komfortzone und maximale Flexibilität wird benötigt. Wer sich dem verschließt, hat womöglich nicht allzu viel Spaß in der Arbeitswelt von morgen. Gute Leistungen und Einsatz für das Unternehmen zählen weiterhin und sind keine unmoderne Tugenden aus alten Zeiten. Um unseren Wohlstand zu sichern sind alle gefordert- Arbeitgeber wie auch Arbeitnehmer. Es bleibt ein Geben und ein Nehmen.

In der Vergangenheit wurde immer wieder die Angst verbreitet, dass die Personalkosten bzw. -investitionen für die Unternehmen in Europa im Vergleich zu anderen Ländern zu hoch sind. Doch trotz vermeintlich hoher Kosten, ist der Wirtschaftsstandort Deutschland gefragt. Also von Wegzug der Arbeit kann keine Rede sein. Die meisten Unternehmen können wirtschaften und wissen wie sie mögliche Benefit-Investitionen finanzieren können. Falls es nicht schon die höhere Mitarbeitermotivation und geringere Fluktuation durch gute Benefits tut. Als Optimist sehe ich daher keine Probleme, den Menschen in den Unternehmen Benefits großzügig zur Verfügung zu stellen. Am Ende muss das große Ganze betrachtet werden und geschaut werden, dass alle Seiten zufrieden sind.

Mitarbeiter-Benefits sind ein Faktor von erfolgreichen Firmen mit menschlicher Unternehmenskultur. In Zukunft wird sich daran nichts ändern.

Printed in the United States
by Baker & Taylor Publisher Services